幼儿园课程资源开发与利用 丛书

丛书主编　钱月琴

商 业 街

主　编　孙文侃　钱勤珍　张燕芳
编　委　钱花伟　张亚珠　李婷婷
　　　　费玲俐　罗晨媚　钱晨曦

苏州大学出版社

图书在版编目(CIP)数据

幼儿园课程资源开发与利用丛书. 商业街／钱月琴主编；孙文侃，钱勤珍，张燕芳分册主编. ——苏州：苏州大学出版社，2023.7(2023.9重印)
 ISBN 978-7-5672-4416-0

Ⅰ. ①幼… Ⅱ. ①钱… ②孙… ③钱… ④张… Ⅲ. ①学前教育－教学参考资料 Ⅳ. ①G613

中国国家版本馆 CIP 数据核字(2023)第 098780 号

书　　名：	商业街 SHANGYE JIE
主　　编：	孙文侃　钱勤珍　张燕芳
责任编辑：	谢金海

策　　划：	谢金海
出版发行：	苏州大学出版社(Soochow University Press)
社　　址：	苏州市十梓街1号　邮编：215006
印　　刷：	苏州市古得堡数码印刷有限公司
邮购热线：	0512-67480030
销售热线：	0512-67481020
开　　本：	889 mm×1 194 mm　1/20　印张：6.5　字数：129千
版　　次：	2023年7月第1版
印　　次：	2023年9月第3次印刷
书　　号：	ISBN 978-7-5672-4416-0
定　　价：	58.00元

若有印装错误，本社负责调换
苏州大学出版社营销部　电话：0512-67481020
苏州大学出版社网址　http://www.sudapress.com
苏州大学出版社邮箱　sdcbs@suda.edu.cn

"幼儿园课程资源开发与利用丛书"
编委会

顾　问　张春霞

主　任　季小峰

副主任　周　萍　顾忆红

编　委（按姓氏笔画排序）

王亚红　王惠芬　吕淑萍　朱　静　孙文侃

吴小勤　沈　红　沈方勤　沈艳凤　张　琼

张利妹　陈小平　陈秋英　胡　娟　莫美华

钱明娟　徐　桢　徐国芬

序

吴江区高度重视学前教育的发展。长期以来，吴江区学前教育工作者注重抓内涵、提质量，在幼儿园课程建设方面做了很多扎实有效的工作。

江苏省实施课程游戏化项目以来，吴江区学前教育工作者努力进行课程游戏化的区域推进，为课程游戏化提供了示范，吴江区涌现出了许多高质量课程建设的典型。尤其是在资源深度挖掘和利用方面，很多幼儿园强化课程意识和资源意识，增强目标意识和效率意识，深入挖掘和利用本地课程资源，努力将资源优势转化为经验优势，形成了课程资源开发和利用的吴江经验。

吴江是一个具有深厚文化历史底蕴的地方，名人、遗迹、名胜不胜枚举，具有鲜明江南特色的古镇和村落，丰厚肥沃的土地，孕育了万千生命和厚重的文化。对于如何挖掘和利用吴江的自然与文化资源，吴江的老师们进行了积极的探索和创新。他们从幼儿身心发展规律出发，深入分析本地各类资源对儿童发展的价值，形成了一系列资源开发和利用的途径与策略，让幼儿在多样化的活动中感受文化、体验文化、表达文化、理解文化和创新文化。丰富的幼儿园课程内容，充实了儿童的生活，增进了儿童的体验和情感，增强了儿童的操作和表现能力。

这套丛书是吴江区各幼儿园从不同的资源出发，深入研究儿童的需要和兴趣，系统开展多种形式的活动，充分利用儿童的多种感官，有效促进儿童对文化的了解、理解和表达，不断丰富和充实儿童经验的实践成果。相信这套丛书一定能给幼儿园课程建设提供有益的经验和启示，一定能为学前教育质量的提升做出贡献。

南京师范大学教育科学学院教授、博士生导师

2023 年 5 月

前　言

莼鲈之香正十年

秋风斜阳鲈正肥，扁舟系岸不忍去。

吴江位于苏浙沪两省一市的地理交界处，是"鱼米之乡""丝绸之府"，有古镇、蚕桑、运河……历史悠久，资源丰富。

十余年来，吴江学前教育坚持以"贯彻落实《3—6岁儿童学习与发展指南》精神，开展幼儿园生活化游戏化课程建设"为抓手，区域性全面推进、全类覆盖、全员参与课程游戏化项目区实践。"区域推进不是要求区域统一，本质是让幼儿园各尽其能，充分调动每一位教师的专业才智，充分利用一切空间和资源，最大限度地发挥对儿童发展的支持和促进作用，从而提升教育质量。"（虞永平）十余年间，吴江幼教人通过改造环境、优化课程、专家引领、提升师资、追随儿童、科学评价等策略，营造了良好的学前教育生态，从"幼有所育"走向"幼有优育"。

吴江区各幼儿园从资源入手积极探索"资源—活动—经验"的实践路径，通过梳理、分析本园资源，建构课程资源地图，制作课程资源清单，开展多样化教育活动，尝试建设适合本园的课程，积累了大量的一手资料，于是就有了这套"幼儿园课程资源开发与利用丛书"。

本套丛书不仅是吴江区各幼儿园在课程建设中开发利用本园周围的资源，开拓儿童课程源泉，促进儿童全面发展的生动实例，还是凝聚着全区"学前教育发展共同体"踔厉奋发、笃行不息的成长足迹和探究精神的宝贵财富。在这套丛书里，你可能会看到因为年轻而存在的稚气，但更会看到因为年轻而勃发的对教育的追求和活力。

　　本套丛书有以下三个特点：一是实践性，每类资源的开发和活动的组织都是幼儿园实践过的；二是操作性，幼儿园提供了某资源开发和利用的理念、路径、方法和具体的活动，可以为同行提供范例和借鉴；三是普适性，这套丛书涉及的资源都是日常生活中普遍存在的、与幼儿生活密切相关的。本套丛书共有十三个分册，每个分册都是从资源介绍、开发理念、资源清单、基本路径、活动列举、课程计划、方案设计、活动叙事八个方面来编写的。虽然这些都是一线教师的实践积累，但在理念上可能尚有偏颇，在实践中可能存在需要改进的地方，不足之处敬请专家和同行提出宝贵意见，以便让这套书不断完善。

　　十年磨一剑，蓄势再扬帆。在未来十年，乃至更长一段时间，吴江区学前教育会继续与时俱进，勇立潮头，办出更多老百姓家门口的高质量幼儿园。

丛书编委会
2023 年 5 月

 商业街

目　录

资源介绍 /1

开发理念 /2

资源清单 /4

基本路径 /7

活动列举 /9

课程计划
　　学期课程计划　/13
　　主题活动计划　/16

方案设计

主题活动方案 /22

水果大配送（大班）/22
一、参观活动　参观"cici麻麻"水果店　/22
二、调查活动　水果店里有什么？　/24
三、生活环节渗透　买水果　/26
四、集体活动　我爱吃的水果　/28
五、集体活动　水果来自哪里？　/30
六、区域活动　理想中的水果配送中心　/33
七、区域活动　制作工作牌　/35
八、区域活动　水果配送中心的公约　/37
九、集体活动　水果运送路线　/38
十、区域活动　分发水果喽　/40

十一、区域活动　水果运输员 /42
十二、区域活动　桂圆太多了怎么办？ /43
十三、区域活动　制作水果菜单 /44
十四、劳动活动　陈皮DIY /46

系列活动方案 /48

叮叮当当（中班）/48

一、参观活动　参观汽修店 /48
二、集体活动　神奇的修车厂 /50
三、调查活动　汽修店常用的工具 /52
四、收集活动　幼儿园的工具房 /54
五、区域活动　螺丝螺帽玩玩乐 /56
六、区域活动　了不起的工具 /57
七、集体活动　大锤小锤 /58
八、集体活动　钉子画 /61
九、区域活动　工具大变身 /63

身边的地铁（大班）/66

一、集体活动　地铁站叔叔阿姨来做客 /66
二、集体活动　地铁是怎样建成的？ /68
三、集体活动　地铁自动检票机 /70
四、参观活动　认识地铁安检机 /73

五、收集活动　地铁线路图 /75
六、集体活动　地铁的构造 /78
七、调查活动　测量地铁站的深度 /81
八、生活环节渗透　便捷的地铁 /82
九、区域活动　我眼中的地铁 /83
十、集体活动　地铁着火了怎么办？ /84

单个活动方案 /87

一、区域活动　螺丝钉创意画（中班）/87
二、生活环节渗透　榨果汁（大班）/89
三、调查活动　地铁里的标志（大班）/91

活动叙事

小小修车匠（中班）/93

水果配送中心（大班）/106

后　记　/120

商业街

资源介绍

苏州市吴江区鲈乡幼儿园越秀园区坐落于东太湖之滨，四周交通便利，商业发达。江陵路、江兴路、油车路、流虹路东西贯穿，苏州河路、梅石路、仲英大道、鲈乡路南北联通，苏州地铁4号线从幼儿园地下深处悄悄穿过。

幼儿园对面有什么？幼儿园对面为梅石路商圈，与幼儿园仅相隔一条窄窄的梅石路，且这段马路为社区延伸路面，出行方便又安全。街上各式商铺林立、门庭若市；东侧不远的江兴西路地铁站人流如织、热闹非凡；周围小区密集、生活便利。

梅石路商业街有各式商铺，如水果店、汽修行、超市、药房、理发店、花店、茶馆、面包店、小吃店……这里有三个汽修行，其中最大一个占地200多平方米，店内工作人员配备齐全，工具品种多且分类整齐，主要提供汽车维修、保养、清洗、美容等一站式服务。水果店规模较大，占地200多平方米，有4名店员，水果种类齐全——国产的、进口的一应俱全，进口水果和稀有水果较多。水果摆放形式多样，有整箱、散装、切装等。各家店铺经营范围不同，相应的工作内容也不同，给予幼儿的感受与经验也是不同的。苏州地铁4号线全线共31站，幼儿园南侧为江兴西路地铁站。地铁站规模较大，共上下两层，4个出口，内有安检机、购票机等各种设备，这个地下交通枢纽站可以给幼儿带来新颖而有趣的交通知识。

幼儿与梅石路商圈社区资源同生共长，社区资源成为幼儿生活学习的一部分，也成为幼儿园课程资源开发的生动来源。我们追随幼儿的兴趣与需要，从参观调查到分享讨论，再到将资源引入幼儿园开展多样性活动，让幼儿走进真实的生活，在真实的生活中学习。

 开发理念

课程文化是一所幼儿园的文化核心。虞永平教授曾说:"幼儿园的课程就在儿童的生活中,就在儿童的行动里,就在发现和解决问题的过程中。"因此,根据幼儿园实际情况,我们依托课程内涵的建设与发展,传承与创新文化,因地制宜地开发与利用课程资源。

★ 从优势资源出发,让活动形式多样

课程资源是幼儿园课程的"原材料",它可以被开发和利用并用以支持幼儿园的课程建设。幼儿园要做到有的放矢,探寻适合幼儿学习、发展的课程资源,使课程更加生活化、科学化。鲈乡幼儿园越秀园区的课程资源从开发到利用,走过了一段漫长的过程。在教师的研讨梳理,幼儿的观察实践,全园的共同参与后,教师们学会了取舍,学会去筛选出优势资源并加以开发与利用,最终将幼儿园对面的社会资源作为园所优势资源融入课程。距离近,出门即是,资源唾手可得;商铺多,内容丰富,资源形式多样……幼儿园既可以让幼儿参观、调查、体验,又可以让幼儿分享、实践、探索,在走出去、带进来的多样化活动中不断获得新知识、积累新经验。

★ 从儿童生活出发,让课程内容丰富

幼儿园对面梅石路商圈资源的有效利用让幼儿的学习与生活变得生动而有趣,也让幼儿园的课程变得丰富又灵动,因为这些资源都与幼儿的生活息息相关。一年四季,孩子们在梅石路及江兴西路上来回穿梭,梅石路上的商铺是孩子们每天都能见到的,他们好奇于商铺里工作的人,好奇于工作人员所做的事。比如:汽车被高高地吊起,工人叔叔钻在汽车底下在干什么?那些叮叮当当的声音对孩子非常有吸引力。再比如:"cici 麻麻"水果店、"麦乐""善美"超市里营业员是怎样收费的?店铺里那么多东西,叔叔阿姨是怎样对它们进行分类的?等等。这些都是孩子们好奇的内

容。又如：地铁4号线"蓝胖子"为什么这么威武？地铁是现在大部分孩子出行的重要交通工具，地铁的结构、地铁的线路图等都被孩子所关注。所以说梅石路周边的开发与利用就来源于幼儿的现实生活，是幼儿喜欢的，是幼儿现实发展所需要的。为提高资源的利用价值，老师们对资源进行了梳理、分析和设计，从而实现幼儿园园本课程的生活化和游戏化。

从年龄特点出发，让学习走向深入

　　幼儿园对面梅石路商圈资源的开发基于儿童立场出发，符合幼儿的年龄特点。它是真实的，与幼儿生活高度相关的，也是能够再创生的。在资源利用的过程中，老师们能关注幼儿的主动性、创造性和积极性，能聚焦到幼儿多感官、多样化的生动有趣的活动上来，能与幼儿园现实的条件相关联，通过园外与园内的对接，将真实的场景融入幼儿的游戏，和幼儿一起创设游戏情境，为幼儿的学习提供支持，激发幼儿主动学习的愿望，从而让幼儿的学习不断走向深入。比如：通过参观"车享家"汽修行后的讨论，老师发现孩子们的兴趣点是洗车，于是老师和孩子们一起创设了"越秀洗车行"；由"cici麻麻"水果店引发的"越秀水果配送中心"更是将活动对接课程，真正实现课程的游戏化、生活化。这些资源犹如源头活水，永远不用担心幼儿不会玩、不能玩……

　　幼儿园对面梅石路商圈资源开发出来的课程集游戏化、生活化、情景化于一体，它是一种生活化、经验化的课程，它给儿童带来乐趣，也带来挑战，是属于儿童自己的课程。

资源清单

梅石路商圈是教师和幼儿共同关注的课程资源,为了更加便捷地开发与利用好它,幼儿园逐渐形成了一份资源地图。这张图以"百度地图"为基础,有手绘的、电子的,有幼儿的、教师的、师幼合作的。幼儿的问题在生长,地图也不断在改变、在完善、在丰满。图1是一份在幼儿多次调查活动基础上利用电脑修改而成的手绘地图,通过此地图,梅石路商圈资源一目了然。

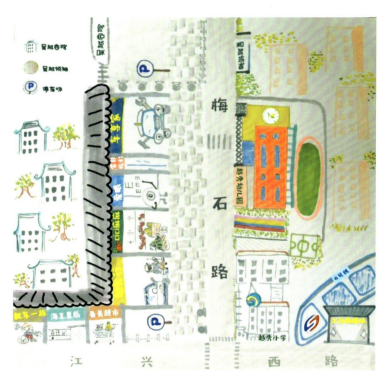

图 1 梅石路商圈手绘地图

"梅石路商圈"资源列表

幼儿园名称：鲈乡幼儿园越秀园区　　　　　　　　　　　　　　　　2022 年 4 月

资源	类别	名称	距离	资源描述
梅石路一条街	汽车服务	"车享家"汽修行	30 米内	"车享家"汽修行共3个开间，其中2个修车间，1个洗车间。有5名工人，主要提供汽车维修、保养、清洗等服务。 修理工具分类整齐，有手锤（圆头锤、方头锤）、起子（木柄起子、穿心起子、夹柄起子、十字起子、偏心起子等）、钳子（鲤鱼钳、尖嘴钳）、扳手（开口扳手、梅花扳手、套筒扳手、活络扳手、扭力扳手、特种扳手等）、火花塞套筒、活塞环装卸钳、气门弹簧装卸钳、黄油枪、千斤顶。洗车工具有：充气泵、打蜡机、封釉机、吸尘器、抛光机、电动扳手、热风枪、麂皮、纯棉浴巾、纯棉毛巾、洗车机、喷泡机、相关洗涤液等
		"驰奔行"汽修行	50 米内	"驰奔行"汽修行共4个开间，其中3个门面修车，1个门面是自动洗车间，有8名工人，主要提供汽车维修、保养、清洗等服务。 洗车工具有：充气泵、打蜡机、封釉机、吸尘器、抛光机、电动扳手、热风枪、麂皮、纯棉浴巾、纯棉毛巾、洗车机、喷泡机、相关洗涤液等。修理工具有：手锤（圆头锤、方头锤）、起子（木柄起子、穿心起子、夹柄起子、十字起子、偏心起子等）、钳子（鲤鱼钳、尖嘴钳）、扳手（开口扳手、梅花扳手、套筒扳手、活络扳手、扭力扳手、特种扳手等）、火花塞套筒、活塞环装卸钳、气门弹簧装卸钳、黄油枪、千斤顶等
		"靓车一族"汽修行	80 米内	"靓车一族"汽修行较小，有1个门面，由夫妻2人经营，主要提供洗车服务，也可以做一些简单的修理工作。 店里洗车工具有：充气泵、打蜡机、吸尘器、抛光机、纯棉浴巾、纯棉毛巾、喷泡机、相关洗涤液等。修车工具较少，摆放也不算专业整齐，主要有：手锤（圆头锤、方头锤）、起子（木柄起子、穿心起子、夹柄起子、十字起子、偏心起子等）、钳子（鲤鱼钳、尖嘴钳）、扳手（开口扳手、梅花扳手、套筒扳手、活络扳手、扭力扳手、特种扳手等）、火花塞套筒、活塞环装卸钳、气门弹簧装卸钳、黄油枪、千斤顶等
		"吴越尚院"停车场	50 米内	"吴越尚院"停车场为收费停车场，内有车位36个，电子栏杆2个，1个进口，1个出口，标志明显，有收费公示牌，有人工收费岗亭。每天停放车辆流动性大

续表

资源	类别	名称	距离	资源描述
生活便利		"cici麻麻"水果店	30米内	水果店有3个开间，一共4名店员，其中1名负责收银，2名负责切水果、装盒子等服务，还有1名负责整理货架、补货等。 店内水果种类齐全，呈现方式多样，有整箱、盒装、散装等，另兼卖特色零食。经营模式与超市相同，可自主选择
		"小胖"蔬菜水果店	80米内	"小胖"蔬菜水果店规模较小，主要卖蔬菜、肉、蛋等。 店里只有1名工作人员，负责所有工作
		食行生鲜	10米内	食行生鲜是连锁店，店面不大，共30多平方米，里面分为蔬菜区、水果区、畜产与水产品区。 店里有3名工作人员，其中1名负责收银、称重，1名负责管理蔬菜和水果，1名负责管理肉类和鱼类
		"善美"生活超市	80米内	"善美"生活超市为中型社区超市，面积约200~300平方米，分为饮料区、蔬菜区、水果区、奶制品区、日化区、食品区、畜产品区。 超市一共4名工作人员，1名收银员负责称重、收钱，1名营业员负责畜产区的切肉、整理工作，1名营业员负责整理货架，还有1名负责仓库的进货、补货、出货等工作
		"麦乐"进口食品店	10米内	"麦乐"进口食品店规模较小，1个门面里面主要售卖进口食品，有日本、美国、英国、马来西亚、泰国等各国生产的零食，包括各种巧克力、糖果、果冻、薯片、饼干、罐头等，许多零食包装可爱有趣，可以当玩具。 店内有2名工作人员，负责收银、整理货架、补货等工作
		"全家"便利店	200米内	"全家"便利店是全国连锁店，24小时营业。店面约100平方米，分为即食食品区、零食区、日化区、饮品区等。便利店内有微波炉可以热便当、饭团等，还有各种包子、关东煮售卖。 便利店采用自动付款机付款，店里有1名营业员，负责整理货架、补货、热饭等工作
		江兴西路地铁站	800米内	江兴西路站为苏州轨道交通4号线的其中一个站点。苏州地铁4号线全线共31站，江兴西路为第22站（自北向南），位于吴江区江兴西路和仲英大道的交叉口下，沿江兴西路布置，为地下二层岛式车站，共有3个出口，地铁站纵深约10~20米，面积单层约1 000平方米。运行列车上行同里往龙道浜：首班车06:00:00，末班车22:36:00；下行龙道浜往同里，首班车06:16:00，末班车23:12:00。地铁站内有人工服务中心1个、自动购票机7台、安检机2台、进闸机3台、出闸机6台、楼梯1座、自动扶梯1架、升降梯1架。站内另有便利店2间，提供食品、生活用品售卖等服务

商业街

 基本路径

◆ **课程需求　引入资源**　在利用梅石路商圈这个资源的过程中老师们是摸着石头过河,在实践与反思的循环中前行。从孩子们刚开始的熟视无睹到现在的乐此不疲经过了一个漫长的过程。这个资源被关注可以说是机缘巧合,也可以说是势在必行。作为一所依附于小学的社区幼儿园,园内资源匮乏,要想让幼儿园持续发展,势必要将眼光放长、放宽,去寻找既适合幼儿需求、又具有创生发展空间的课程内容,所以走出园门是必然结果。就这样,梅石路商圈资源引起了老师、幼儿的关注,慢慢融入幼儿园课程。

◆ **教师引导　进入课程**　"梅石路商圈"资源刚开始是在老师的引导下进入课程的。幼儿园户外活动场和对面"车享家"汽修行仅一条马路之隔,开放式的栅栏让幼儿能清晰看到对面的各种情况,当对面在洗车或者修车的时候,老师就会去引导孩子关注。慢慢地,静静地观看已经满足不了孩子的需求,最后,幼儿园通过园本研讨、课程审议等方式梳理出资源进入课程的基本路径:准备活动(幼儿、老师、幼儿园)→参观调查→分享交流,就这样孩子们真正走进了梅石路商圈。

◆ **幼儿实践　扩散思维**　这个资源的利用是有目的性的,因此老师和孩子一起活动时都会做好充分的准备,但是在每次参观或调查活动回来的分享中老师们发现,孩子的需求远远大于提前的预设,因而整个实施路径也在不断地调整与完善。大家回归资源开发的初心,开始思考:幼儿园的文化需求是什么?孩子的发展需求是什么?现有的课程实施缺什么?……通过思考、研讨后发现,原来是固定式思维作祟,导致对课程的理解过于狭隘。由此进一步丰富路径,最终形成了资源进入课程后开展的三条路径:做事(课程实施需求)、游戏(幼儿发展需求)、艺术活动(幼儿园文化需求)。以后的细化路径,各年级组、各班级可以根据班级孩子的特点和需求不断深入探讨。

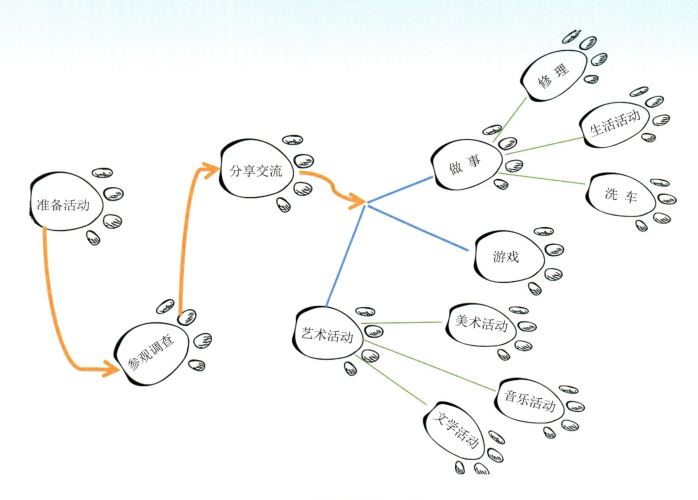

梅石路商圈引发活动路径图

活动列举

  幼儿园开发与利用资源既要从资源本身的特点、地理位置等出发，又要结合幼儿的年龄特点、发展需要等考虑。目前，各年龄段根据实际情况将梅石路商圈中的水果店资源、地铁资源、汽修行资源通过集体活动、区域活动、生活活动、运动游戏、实践操作等途径进入所购买的教材的主题或以上述某一资源为核心单独开展的主题当中。活动开展形式多样：参观活动、调查活动、游戏活动、专室活动、户外活动、亲子活动等相结合；活动内容种类繁多：劳动类、生活类、科探类、美工类、音乐类、文学类丰富多彩。

梅石路商圈活动列表

活动类别与名称		领域	关键经验	年龄班	实施途径				
					教学	区域	生活环节	运动	实践
主题	大马路（15）	社会、科学、语言、艺术、健康	1. 对感兴趣的交通工具能仔细观察，发现不同车辆的不同外形特征。 2. 在提醒下能注意安全并遵守一些交通规则。 3. 能比较灵敏地根据信号做动作，锻炼身体的协调性，体验模仿游戏带来的快乐。 4. 乐于模仿不同车辆的声音和车辆转动的状态。 5. 能用简单的线条和色彩大体画出自己喜欢的交通工具	小班	集体活动、小组活动、个别活动	美工区、建构区、益智区	谈话活动	律动	

续表

活动类别与名称		领域	关键经验	年龄班	实施途径				
					教学	区域	生活环节	运动	实践
主题系列	水果大配送（16）	社会、科学、语言、艺术、健康	1. 懂得公共场合的交往礼仪，会基本的买卖方式。 2. 熟悉常见水果，知道其名称，能形容出其外观特征及其营养价值。 3. 能通过协商制定规则，并用一定的方式呈现。 4. 能通过实际操作理解并运用数。 5. 在运送和分发水果时能与同伴分工合作，遇到困难能一起克服	大班	集体活动、小组活动、个别活动	美工区、科学区	分发活动、烹饪活动、就餐活动		参观活动、买卖活动、调查活动、亲子活动
	身边的交通（15）	社会、科学、语言、艺术、健康	1. 能通过观察、比较与分析，发现并描述不同种类车辆的特征。 2. 认识常见的交通标志，能自觉遵守基本的交通规则和乘坐交通工具的规则。 3. 知道苏州地铁的标志及乘坐地铁的安全知识。 4. 能在成人的帮助下制订简单的调查地铁站的计划并执行。 5. 能专注地阅读图书，说出故事的主要内容	大班	集体活动、小组活动、个别活动	美工区、建构区、益智区	谈话活动		调查活动、亲子活动
	叮叮当当（12）	社会、科学、语言、艺术、健康	1. 参观时在成人提醒下，能遵守规则，注意听工作人员的介绍并做出简单的回应。 2. 对工具感兴趣，认识几种常见的工具，尝试摆弄工具并关注工具的作用及产生的结果	中班	集体活动、小组活动、个别活动	科学区、美工区、表演区	谈话活动	律动	参观活动、亲子活动、调查活动、专室活动

续表

活动类别与名称		领域	关键经验	年龄班	实施途径				
					教学	区域	生活环节	运动	实践
系列			3. 模仿洗车、修车、工具工作时的声音、动作等。 4. 初步了解工具的外形特点，对工具进行联想，用简单的涂画、粘贴方式对工具进行再创作						
	身边的地铁（12）	社会、科学、语言、艺术、健康	1. 对感兴趣的事物主动探索，能通过一定的方式了解地铁站中一些机器的功能及其用法。 2. 能认识简单的线路图，并通过实践探索到达目的地，体验解决问题的快乐。 3. 能理解并遵守乘坐各种交通工具的规则。 4. 能发现生活中的许多问题可以用数学方法解决。尝试用手或脚步来测量物品，并用数字、图画等符号记录	大班	集体活动、小组活动、个别活动	语言区、美工区、科学区			参观活动、交流活动、调查活动、测量活动、亲子活动
	梅石路上的汽修行（12）	社会、科学、语言、艺术、健康	1. 能在成人的帮助下制订简单的调查幼儿园附近的汽修行的计划并执行。 2. 能用数字、图表或其他符号记录汽修行的人、事、物。 3. 了解汽修行和人们生活的密切关系，尊重为大家服务的人，珍惜他们的劳动成果。 4. 操作工具时能注意安全，知道一些基本的安全知识，具有基本的自我保护能力。 5. 能主动发起创造活动，在活动中出主意，想办法，遇到困难能和同伴商议、克服	大班	集体活动、小组活动、个别活动	科学区、益智区、美工区	谈话活动		参观活动、交流活动、调查活动、亲子活动

续表

活动类别与名称		领域	关键经验	年龄班	实施途径				
					教学	区域	生活环节	运动	实践
单个	螺丝钉创意画	艺术	能运用拓印等方式表现自己的想象	中班	小组活动、个别活动	美工区			
	榨果汁	健康	能用不同的方法榨取果汁并和同伴分享	大班	小组活动、个别活动		烹饪活动、就餐活动		
	地铁里的标志	社会	能在成人的帮助下制订简单的调查计划并执行	大班	集体活动、小组活动				调查活动
	附近有个汽修行	社会	能用数字、图表或其他符号记录幼儿园附近汽修行的位置、大小	大班	集体活动、小组活动				调查活动
	我是小小修理工	健康	能选择合适的工具尝试修理，体验解决问题带来的成就感	大班	小组活动、个别活动	美工区、科学区			
	好玩的地铁	艺术	能用不同的表现手法表达自己的感受和想象	大班	个别活动	美工区			

注：括号内数字表示活动个数。

商业街

 课程计划

幼儿园课程内容具有全面性、启蒙性、灵活性和差异性的特点。对照原有课程目标内容、《3—6岁儿童学习与发展指南》(以下简称《指南》)及幼儿实际情况,我们发现购买的蓝本教材在社会、科学发展方面的内容脱离幼儿实际生活,实施有困难。"梅石路商圈"资源贴近幼儿生活,符合幼儿发展需求,能够实现幼儿发展目标,因此,幼儿园通过园级一年级的课程审议,将资源纳入"学期课程计划表",围绕"梅石路商圈"中的地铁资源、水果店资源和汽修行资源生成主题,进入课程计划,同时根据实际需要将"梅石路商圈"的资源渗透到其他主题,形成系列活动及单个活动。

在进入"学期课程计划表"之后,幼儿园进一步通过课程审议确定了"主题活动一览表",将资源的开发与利用具体落实到每个活动当中,各班再结合班级幼儿实际情况具体落实、灵活执行。

在下面所列的"学期课程计划一览表"和"主题活动计划一览表"中,绿色标注的部分为该资源进入课程计划和主题活动的内容。如果整个主题都是由资源引发的活动,那么主题名称标注为绿色,如果资源进入蓝本主题的部分内容,那么这部分内容也标注为绿色。

 ## 学期课程计划

学期课程计划一览表1

年度 2021—2022 学年　　学期 第二学期　　年龄班 小班　　填表人 张亚珠

序号	主题名称	主题目标(价值分析)	主题持续时间	主要资源列举			主题来源	备注
				自然	社会	文化		
1	春天来啦	1. 看看、听听,感知春天的色彩,感受春天的色彩美。 2. 能认识春天常见植物,对比它们的相同点与不同点,说出主要特征,感受种植的乐趣,培养责任心。 3. 知道幼儿园及公园里的花草、树木很美,是给大家欣赏的,每个人都要爱护它们	4周	园内种植饲养区、花草树木、顶楼花园;园外吴越领秀、吴越尚院小区绿化带	"cici麻麻"水果店;社区工作人员	幼儿园图书室;家庭图书;幼儿园电子书库	购买的蓝本课程	音乐、视频

续表

序号	主题名称	主题目标（价值分析）	主题持续时间	主要资源列举			主题来源	备注
				自然	社会	文化		
2	大马路*	1. 了解常见车辆的外形、名称及功能。 2. 能够辨别不同的车子发出的声音，知道交通信号灯的指示，知道过马路要遵守交通规则。 3. 认识几种垃圾分类标记，尝试按标记给垃圾进行分类。 4. 懂得垃圾分类的意义，树立初步的环保意识	4周	梅石路两旁的绿化带	梅石路、江兴西路交通线路；小区垃圾站；园内垃圾分类站	幼儿园图书室；多媒体教材：视频、音乐	购买的蓝本课程	音乐
3	可爱的小动物	1. 认识常见的动物，发现它们不同的外形特征。 2. 对饲养活动感兴趣，在成人帮助下能进行简单的喂养。 3. 在观察、阅读的过程中，了解不同动物的生活习性。 4. 喜欢音乐，能用简单的身体动作大胆模仿不同的动物。 5. 初步了解不同动物的外形特点，用涂画、粘贴等方式大胆创作	4周	园内饲养区；园内种植区	家庭、班级饲养区；流虹、鲈乡区的园内饲养区；家庭资源	幼儿园图书室；家庭图书；多媒体教材：视频、音乐；幼儿园乐器坊	购买的蓝本课程	音乐、视频
4	好饿的毛毛虫	1. 了解毛毛虫的生长及变成蝴蝶的演变过程，感受生命的神奇与有趣。 2. 学会玩有关毛毛虫的游戏，能遵守游戏规则。 3. 在游戏中初步学会与同伴合作，并体验游戏所带来的快乐	3周	园内种植饲养区；园内花草树木；园内顶楼花园	"cici 麻麻"水果店*；"善美"超市*；家庭资源	幼儿园图书室；家庭图书；多媒体教材：视频、音乐	自主开发的园本课程	音乐、视频
5	炎热的夏天	1. 观察夏天的景色和各种树叶、小草的变化，初步知道夏天到了。 2. 了解夏天的特征，萌发对大自然的热爱之情。 3. 运用多种感官认识夏天的果实，帮助幼儿体验劳动，体会分享劳动成果后的愉悦感	4周	园内种植饲养区、花草树木、顶楼花园；园外吴越领秀小区里的树木	"cici 麻麻"水果店*；"善美"超市*	幼儿园图书室；家庭图书；多媒体教材：视频、音乐	购买的蓝本课程	音乐、图片

注：带 * 者是利用本书所谈资源开发的活动。

学期课程计划一览表 2

年度 <u>2021—2022 学年</u>　　学期 <u>第一学期</u>　　年龄班 <u>中班</u>　　填表人 <u>胡君</u>

序号	主题名称	主题目标（价值分析）	主题持续时间	主要资源列举			主题来源	备注
				自然	社会	文化		
1	认识我自己	1. 对自己的年龄变化有初步的认识，愿意尝试独立自主地做力所能及的事情。 2. 对自己生活环境中的人表示喜爱，乐于与老师、同伴交流。 3. 认识自己身体主要部位的外形特征，体验它们的作用。 4. 不做危险的事情，增强自我保护意识	4周	园内种植区、树木、花圃；园外社区树木；园内班级种植区、饲养区	"cici 麻麻"水果店*；吴越领秀等小区；食行生鲜*	幼儿园图书室；多媒体教材：视频、音乐	购买的蓝本课程	视频
2	泥土好可爱	1. 初步了解泥土的组成及它的种类，知道泥土里有些什么。 2. 乐于亲近泥土，接触泥土，知道怎样保护泥土，鼓励幼儿发动身边的人一起积极保护土壤，做个环保小卫士。 3. 能主动参与各项活动，有自信心。 4. 乐意与人交往，亲近大自然，了解自然界中人与动物、动物与植物间相互依存的关系	3周	园内种植区、树木、草坪、箱式花圃、挂壁式花圃；园外社区、树木	"cici 麻麻"水果店*；"善美"超市*；吴江公园；吴越领秀等小区；青少年活动中心陶艺馆	幼儿园图书室；班级阅读区	购买的蓝本课程	视频
3	金色的秋天	1. 学会有目的地观察，对自然现象感兴趣，知道秋天天气渐渐变凉，小草和树木的叶子开始枯黄，菊花开放，果子成熟等自然变化。 2. 能用完整的语句讲述对所观察事物的简单印象。 3. 在老师引导下有目的地观察几种蔬菜，知道名称，懂得多吃蔬菜身体好。 4. 能用水果、蔬菜进行艺术表现活动，感受水果、蔬菜带来的造型、艺术美	4周	园内种植区、树木、草坪、花圃；园外社区树木	"cici 麻麻"水果店*；"善美"超市*；吴越领秀等小区	幼儿园图书室；家庭图书；多媒体教材：视频、音乐；幼儿园乐器坊	购买的蓝本课程	图片、视频、音乐
4	马路上*	1. 观察马路上的各种交通工具和一些特殊车辆，尝试按某一特征进行分类。 2. 了解交通设施，并有兴趣识别马路上的标记、数字，知道它们的含义，初步了解它们与人们的关系。 3. 理解和遵守交通规则，具有自我保护的意识和能力	4周		马路上的红绿灯*；车站标志；公交车牌；交通警察；车牌号码；"车享家"汽修行	幼儿园图书室；家庭图书；多媒体教材：视频、音乐	购买的蓝本课程	图片、视频、音乐

续表

5	欢天喜地	1. 与同伴共度新年，感受节日的快乐。 2. 知道自己又长大了一岁，应该更懂事，更能干。 3. 通过交流、商议等学习与同伴合作，一起开展表演活动。 4. 了解窗花、灯笼等传统民俗艺术品的制作方法，在成人的帮助下尝试用各种艺术手法进行创作。 5. 乐于参加各种庆祝活动，会用连贯的语言表达活动的感受	4周	"cici 麻麻"水果店*； "善美"超市*； "cici 麻麻"水果店工作人员*； "善美"超市工作人员*	幼儿园图书室； 家庭图书； 多媒体教材； 视频、音乐	购买的蓝本课程	视频

注：带 * 者是利用本书所谈资源开发的活动。

主题活动计划

主题活动计划一览表 1

年度 <u>2021—2022</u> 学年　　学期 <u>第二学期</u>　　执行日期 <u>5 月 23 日—6 月 10 日</u>　　年龄班 <u>小班</u>　　填表人 <u>罗晨媚</u>

主 题	持续时间	活动名称	来 源	主要资源
大马路*	3周	马路上的车	购买的蓝本课程	社会资源：梅石路、"靓车一族"汽修行、停车场； 文化资源：图片、视频
		小小驾驶员	购买的蓝本课程	社会资源："车享家"汽修行、"驰奔行"汽修行、苏州地铁 4 号线； 文化资源：图书《司机的故事》《了不起的小司机》； 家庭资源：司机
		那是什么声音	购买的蓝本课程	社会资源：梅石路； 文化资源：图书《咣当咣当，火车开了》《消防车出发》、视频、音频
		来，大家一起修马路	购买的蓝本课程	文化资源：图书《来，大家一起修马路》、图片、多媒体、PPT； 专用室：工具房
		认识车牌号码	购买的蓝本课程	社会资源："靓车一族"汽修行、停车场； 文化资源：视频、音频

续表

主题	持续时间	活动名称	来源	主要资源
大马路*	3周	咕噜转	购买的蓝本课程	文化资源：音频； 社会资源：汽车轮胎； 家庭资源：家用汽车
		过马路要看灯	购买的蓝本课程	社会资源：梅石路； 文化资源：图书《红绿灯眨眼睛》、视频和图片； 社会资源：骑行
		交警叔叔本领大	购买的蓝本课程	文化资源：视频、PPT； 社会资源：交警大队
		怪汽车	购买的蓝本课程	社会资源："cici麻麻"水果店； 文化资源：视频、音频； 专用室：美术室
		漂亮的小汽车	购买的蓝本课程	文化资源：视频、音频； 社会资源：梅石路； 自然资源：木块、树枝； 专用室：美术室
		谁的汽车开得快	购买的蓝本课程	文化资源：音频； 专用室：美术室
		停车场	购买的蓝本课程	社会资源：停车场、吴越尚院小区
		会说话的红绿灯	购买的蓝本课程	社会资源：梅石路； 文化资源：视频、音频
		汽车开来了	购买的蓝本课程	社会资源：梅石路； 文化资源：图书《小红车去送货》、视频、音频； 家庭资源：方向盘
		大马路	购买的蓝本课程	社会资源：梅石路； 文化资源：图书《交通安全我注意》、视频、音频； 家庭资源：家用汽车

注：带*者是利用本书所谈资源开发的活动。

主题活动计划一览表 2

年度 <u>2021—2022</u> 学年　　学期 <u>第二学期</u>　　执行日期 <u>4 月 11 日— 4 月 29 日</u>　　年龄班 <u>中班</u>　　填表人 <u>张燕芳</u>

主题	持续时间	活动名称	来源	主要资源
神奇的工具	3 周	参观汽修行*	自主开发的园本课程	社会资源："车享家"汽修行、"驰奔行"汽修行； 文化资源：图片、视频
		各种各样的汽修工具	自主开发的园本课程	社会资源："车享家"汽修行、"驰奔行"汽修行； 文化资源：图片、视频
		神奇工具箱*	自主开发的园本课程	社会资源："车享家"汽修行、"驰奔行"汽修行； 家庭资源：家庭工具箱； 社会资源：幼儿园工具箱
		工具博士真厉害	自主开发的园本课程	文化资源：图书《工具博士真厉害》、图片、视频
		小工具们的争吵	自主开发的园本课程	文化资源：图书《小机械立大功》
		这是谁用的工具*	自主开发的园本课程	社会资源："靓车一族"汽修行、"cici 麻麻"水果店、"善美"生活超市； 文化资源：视频、音乐、图书《谁的工具》； 社会资源：保安室、保健室；
		轮胎掉了	自主开发的园本课程	社会资源：坏掉的幼儿自行车、幼儿园工具箱； 文化资源：图片、视频
		一起来洗车*	自主开发的园本课程	社会资源："车享家"汽修行、"驰奔行"汽修行； 社会资源：幼儿自行车、幼儿园工具箱
		机械运转的秘密*	自主开发的园本课程	社会资源："车享家"汽修行、"驰奔行"汽修行； 文化资源：图书、视频
		有趣的弹簧	自主开发的园本课程	社会资源：幼儿园工具箱； 家庭资源：家庭工具箱
		有用的螺丝钉	自主开发的园本课程	社会资源：幼儿园工具箱、幼儿园坏掉的柜子； 家庭资源：家庭工具箱
		锯木头	自主开发的园本课程	文化资源：视频、音乐、图书《小海狸做木工》； 社会资源：工具箱（起子、螺丝、钉子、锤子等）； 自然资源：木块、树枝
		快乐叮当*	自主开发的园本课程	社会资源："车享家"汽修行、"驰奔行"汽修行； 文化资源：视频、音乐； 社会资源：幼儿园工具箱
		洗刷刷	自主开发的园本课程	文化资源：洗车视频、音乐

注：带 * 者是利用本书所谈资源开发的活动。

主题活动计划一览表3

年度 <u>2021—2022</u> 学年　　学期 <u>第二学期</u>　　执行日期 <u>5 月 23 日— 6 月 10 日</u>　　年龄班 <u>大班</u>　　填表人 <u>胡君</u>

主题	持续时间	活动名称	来源	主要资源
水果大配送*	3周	参观"cici 麻麻"水果店	自主开发的园本课程	社会资源："cici 麻麻"水果店； 家庭资源：家长带幼儿去逛水果店
		水果店里有什么	自主开发的园本课程	社会资源："cici 麻麻"水果店； 文化资源：各种水果图片、图书《冰箱里的秘密水果》《小塞尔采蓝莓》《种香瓜》
		买水果	自主开发的园本课程	社会资源："cici 麻麻"水果店； 家庭资源：家长提前为幼儿准备买水果的钱
		水果来自哪里	自主开发的园本课程	文化资源：水果配送中心、各种水果图片、中国地图
		理想中的水果配送中心	自主开发的园本课程	社会资源："cici 麻麻"水果店； 文化资源：水果配送中心
		制作工作牌	自主开发的园本课程	社会资源："cici 麻麻"水果店服务员； 文化资源：美术室工作牌制作、PPT、水果配送中心； 专用室：美术室
		水果配送中心的公约	自主开发的园本课程	社会资源："cici 麻麻"水果店； 文化资源：水果配送中心、多媒体、PPT、班级公约
		水果运送路线图	自主开发的园本课程	文化资源：水果配送中心、越秀园内地图； 专用室：美术室
		分发水果喽	自主开发的园本课程	社会资源："cici 麻麻"水果店； 文化资源：各种水果图片、PPT、水果配送中心
		水果运输员	自主开发的园本课程	文化资源：水果配送中心 器械：平衡木、篮筐等
		桂圆太多了怎么办	自主开发的园本课程	文化资源：水果配送中心、多媒体、PPT
		陈皮 DIY	自主开发的园本课程	文化资源：制作陈皮视频； 专用室：生活室

注：带 * 者是利用本书所谈资源开发的活动。

主题活动计划一览表 4

年度 2021—2022 学年　　学期 第二学期　　执行日期 4月11日—4月29日　　年龄班 大班　　填表人 张燕芳

主题	持续时间	活动名称	来源	主要资源
身边的交通	3周	在马路上 *	购买的蓝本课程	社会资源：城市道路； 家庭资源：家长带幼儿一起在马路边走一走； 文化资源：马路的图片及视频
		让座 *	购买的蓝本课程	社会资源：苏州地铁4号线、公交车； 家庭资源：家长带幼儿乘坐地铁、公交车
		会说话的交通信号	购买的蓝本课程	社会资源：马路上各种交通信号、地铁站中的交通信号； 家庭资源：家长带幼儿一起寻找生活中的交通信号
		交通标志 *	购买的蓝本课程	社会资源：马路上的交通标志； 文化资源：交通标志图片、视频
		各种各样的车	购买的蓝本课程	社会资源：马路上的车； 家庭资源：家长带幼儿收集各种各样的车子玩具模型； 文化资源：图书《五花八门的交通工具》《世界汽车大百科》
		车里坐几人 *	购买的蓝本课程	社会资源：苏州地铁、火车、公交车、私家车； 家庭资源：带幼儿乘坐地铁、火车、公交车、私家车等； 文化资源：地铁、火车、公交车的图片与视频
		地铁 *	购买的蓝本课程	社会资源：苏州地铁4号线、江兴西路地铁站的工作人员； 家庭资源：家长带幼儿乘坐地铁
		自动售票机 *	自主开发的园本课程	社会资源：江兴西路地铁站自动售票机、家长带幼儿购买地铁票； 文化资源：自动售票机图片及工作视频

续表

主题	持续时间	活动名称	来源	主要资源
身边的交通	3周	苏州地铁的标志	自主开发的园本课程	社会资源：苏州地铁的标志图片； 家庭资源：家长带幼儿了解一下苏州地铁标志的来历，拓展了解一下其他城市地铁的标志
		地铁站有多大	自主开发的园本课程	文化资源：地铁站的视频； 家庭资源：家长带幼儿去地铁站看看地铁站有多大； 社会资源：江兴西路地铁站
		便捷的地铁	自主开发的园本课程	社会资源：地铁、公交车等交通工具； 家庭资源：家长带幼儿坐地铁及其他各种交通工具
		乘坐地铁的步骤	自主开发的园本课程	社会资源：苏州地铁4号线、地铁站工作人员； 文化资源：苏州地铁4号线运行轨迹图、乘坐地铁的视频
		上上下下的地铁	自主开发的园本课程	文化资源：江兴西路地铁站的内部结构图、图书《便捷的地铁》； 家庭资源：家长带幼儿了解地铁站的内部结构
		小猴乘地铁	自主开发的园本课程	文化资源：地铁站的视频、地铁站安全标志、与乘地铁相关的图书
		地铁出发喽	自主开发的园本课程	文化资源：坐地铁的视频； 家庭资源：带幼儿乘坐地铁； 社会资源：苏州地铁4号线

注：带 * 者是利用本书所谈资源开发的活动。

方案设计

主题活动方案

水果大配送（大班）

一、参观活动 参观"cici 麻麻"水果店

活动缘起

"这个苹果好甜啊！""这个梨真好吃！"……每次下午吃小点心时，幼儿都会讨论今天所吃的水果。"对面'cici 麻麻'水果店的水果也好吃，我妈妈经常去买的。""我妈妈也是，昨天还买了个大西瓜呢！"幼儿们你一句我一句，七嘴八舌地讨论着。这时，不知道谁说了一句："老师，什么时候可以带我们去参观一下'cici 麻麻'水果店啊？"一时间，幼儿们都投来了期待的目光。"我也想去！""我也想去！"于是一次参观之旅便开始了……

活动准备

经验准备：活动前与水果店老板联系好相关事宜。

物质准备：照相机。

参观对象与内容

本次活动中全体幼儿在教师的带领下实地参观了"cici 麻麻"水果店。通过参观前的谈话、现场参观和分享参观后的感受，积累相关生活经验。

参观前谈话

1. 提问：你们去过幼儿园对面的"cici 麻麻"水果店吗？店里都有哪些水果？人们是怎样买水

果的？（幼儿根据经验交流）

2. 明确本次参观过程中的几个注意点：

（1）注意参观途中的安全。

（2）注意观察水果店水果摆放的特点。

参观后汇总和讨论

1. 说说水果店水果摆放的特点。

2. 幼儿互相交流逛水果店的一些感受，说说自己从选择到购买的过程。

活动延伸

1. 尝试画一画自己喜欢的水果并阅读与水果相关的幼儿书籍。

2. 和家长一起去逛逛各式各样的水果店，积累购买水果的经验。

活动附件

（倪夏莉）

二、调查活动　水果店里有什么？

活动缘起

参观了"cici 麻麻"水果店后，幼儿发现市场上的水果品种琳琅满目，而幼儿知道的水果相对比较少，因此，参观时他们一个个化身为"十万个为什么"，一直在问这问那。怎样才能丰富幼儿关于水果的知识经验，去认识并感知水果的不同特征呢？调查活动"水果店里有什么？"由此展开。

活动准备

经验准备：幼儿对水果有一定的认识和了解。

物质准备：调查表、笔人手一份，拍照手机一部。

调查对象与内容

再次参观"cici 麻麻"水果店，调查水果店里水果的种类及水果的存放方式等。

调查前谈话

1.交流与讨论。

交流有关水果的问题，梳理已有经验，请幼儿说说自己吃过的水果。

2.明确调查的任务。

师：今天我们就一起去"cici 麻麻"水果店里调查一下，除了我们刚刚说到的这些水果，"cici 麻麻"水果店还有哪些水果？

3.与幼儿一起探讨调查时需要注意的事项。

（1）调查过程中安静走动、轻声交流。

（2）遇到问题可以请教店里工作人员，要有礼貌。

（3）仔细观察，把看到的及时记录下来。

4.讨论如何填写调查表。

遇到自己感兴趣但不会记录的，可以找老师用手机拍下来。

调查后汇总和讨论

1. 小组交流各自的调查情况：吃过的水果有哪些？没吃过的有哪些？放冰箱里的有哪些？

2. 教师巡回倾听小组交流，及时捕捉信息。

3. 个别幼儿分享调查心得。

4. 教师和幼儿一起对调查进行整理和汇总，并认识一些调查中见到但不认识的水果。

5. 延伸小结。

师：这么多的水果不仅名称、颜色、形状不同，而且味道也不同：有的甜甜的、有的酸酸的、有的又酸又甜、有的甜中带苦。但每种水果都含有丰富的维生素，能促进我们幼儿健康成长，所以我们要多吃水果。

活动附件

调查表：水果店里有什么？

小小调查员： 调查日期：

	水果店里有什么？				
我吃过的水果					
没吃过的水果					

续表

水果的存放					
	其他				
最喜欢的水果					

（王　勤）

三、生活环节渗透　买水果

活动缘起

在多次参观水果店的过程中，很多幼儿早已跃跃欲试，他们想体验一回自己购买水果的愉悦心情，想在真实的水果店中感受一回当顾客的滋味。于是，在与家长沟通后，我们为每位幼儿准备了10元钱，然后向水果店出发。

活动准备

经验准备：参观过水果店、知道水果店里有什么、有买东西的经验。

物质准备：少量现金、环保购物袋。

活动内容和方式

1. 说说自己想买的水果。

（1）师：我们待会要出发去水果店买水果啦，你们想买什么水果呢？

（幼儿自由发言，交流自己想买的水果。）

（2）师：买水果时，我们需要注意些什么呢？

2. 买水果。

（1）师：我们拿好小包排队出发去买水果吧。

（2）师：你需要的水果在哪里？问问售货员阿姨，怎么买呢？

（3）师：我们来排队付款啦。

3. 分享水果。

（1）聊一聊自己买的水果：多少钱买的？买了几个？它是什么颜色的，尝起来怎么样？

（2）幼儿自由交流。

（3）品尝水果。

活动中的指导

1. 买水果时重点引导幼儿使用礼貌用语：阿姨、请问、谢谢等。重点引导幼儿用恰当的语言，如：这个水果在哪里？水果怎么卖？我需要×××等。

2. 有些水果是需要称重的，有些水果是按个购买的，重点引导幼儿观察需称重的水果。

3. 付款时重点引导钱不够的幼儿，可以与同伴的钱合起来一起购买、分享。

活动延伸

1. 幼儿在扮演游戏中自主购买水果、洗水果等。

2. 一起聊聊购买趣事。

活动附件

（孙　静）

四、集体活动　我爱吃的水果

活动目标

1. 能说出几种常见的水果，了解其典型的特征。
2. 能大胆表述自己的发现，并愿意与教师、同伴交流分享。
3. 懂得多吃水果的好处，体验与同伴一起分享的快乐。

活动准备

经验准备：活动前和幼儿一起收集各种水果，布置"水果王国"环境。

物质准备：苹果、梨、香蕉、橘子等水果若干，水果切面图片。

活动过程

1. 活动导入：参观水果王国。

师：今天我们一起去水果王国，那里水果可多啦，你认识哪些呢？你能说出这些水果的名称吗？

2. 认识水果：了解水果的明显特征。

（1）选择自己最喜欢的水果。

师：它的名字叫什么？它的明显特征是什么？

（2）找找水果里面的秘密：了解水果的内部特征。

① 请你们猜一猜，你喜欢的水果里面会是怎样的呢？

② 水果里面的秘密：仔细观察图片上的水果切面，它是用哪种水果切开的？它是什么样子的？

（3）游戏：水果大配对。

引导幼儿利用图片把切开的水果与完整的水果进行配对。

教师小结：水果除了外部不一样，它里面的结构也是不一样的，里面藏着很多的秘密。切的水果方向不一样，你也会看到不一样的结果。

3. 切水果找发现。

师：请你把自己最喜欢的水果切开，你发现了什么？

4. 幼儿分享交流自己的发现。

教师小结：水果不仅好看还好吃。除了内部结构有很多的秘密，水果还有很多的营养价值，小朋友多吃水果身体棒。但是，不同的水果有不同的营养，不同的水果有不同的生长需要，这些我们一起慢慢去发现。

区域活动

益智区：水果切面图与水果图配对。

美工区：水果拓印画。

语言区：各种关于水果的绘本阅读。

日常活动

说一说自己喜欢吃的水果，自己见过的水果。

亲子活动

家长在空余时间为幼儿介绍水果的营养价值，鼓励幼儿多吃水果。

活动评价

幼儿能从不同的角度了解水果，并愿意多吃各种各样的水果。

活动反思

本次活动让水果的探秘从外部走向内部，适合大班幼儿的年龄特点。幼儿能在猜测、探索中找到答案。在探索水果内部奥秘的时候，幼儿都能积极主动参与。在切水果这个环节有几位动手能力差的幼儿碰到困难，但基本也能在幼儿合作或者他人主动帮助下完成，最终得到幼儿想要的结果。活动的整个环节由浅入深，教师在幼儿操作中适当给予支持，让幼儿在活动中得到经验的提升，获得能力的发展。可以说本次活动有趣而有效。

（钱勤珍）

五、集体活动 水果来自哪里？

活动目标

1. 了解生活中常见水果的不同生长方式和地点。
2. 对植物的生长感兴趣并愿意去探索。

活动准备

经验准备：幼儿对地图有一定的了解，会看中国地图。

物质准备：水果卡片、中国地图、课件。

活动过程

1. 游戏导入：看图猜水果。

师：今天水果宝宝要和小朋友玩个捉迷藏的游戏。瞧，它们露出了一点点小脸蛋，猜猜是谁？

2. 给水果找家。

（1）观看课件，了解各种水果的生长情况。

（2）了解不同水果的生长地。

师：小朋友们，你们知道这些水果的家乡在哪里吗？

3. 在地图上为水果找家。

（1）出示中国地图，引导幼儿为水果宝宝找家。

（2）引导幼儿讨论：你知道为什么这些水果的家乡不一样吗？

4. 小结。

教师小结：不同水果的家乡是不同的，因为有的水果喜欢生长在热一点的地方，有的水果喜欢生长在冷一点的地方，有的水果喜欢水，有的水果不喜欢水……

学习经验延伸

区域活动

益智区：在中国地图上找到各地的特产水果。

日常活动

说一说自己喜欢的水果及其产地。

亲子活动

家长在空余时间为幼儿介绍水果的产地，并在地图上进行标注。

活动评价

了解常见水果的不同生长方式和地点。

活动反思

本次活动以游戏的形式导入,极大地激发了幼儿的兴趣。但是在教学过程中教师也发现,虽然在课件上做了充分的准备,但因前期经验不足,没有充分考虑到幼儿不熟悉一些水果的产地名,这导致他们对后面的活动缺乏兴趣,特别是最后一个环节"在地图上为水果找家",因为前期没有储备足够的知识,他们在活动中有些迷茫。

活动附件

(屈文婷)

六、区域活动　理想中的水果配送中心

经验联结

参观"cici 麻麻"水果店后，幼儿对于自己午点吃的水果是从哪里来的特别感兴趣，在得知是食堂阿姨帮忙分发后，有幼儿提出可不可以由自己来领取并分发水果。经过幼儿进一步讨论和设计，大家确定了"水果配送中心"的建设方案。

活动目标

1. 能通过观察、比较与分析，选择合适的场地开设水果配送中心。
2. 对空间的概念有初步的了解。
3. 能与同伴分工合作，遇到困难能一起克服。

活动准备

经验准备：幼儿对配送中心有一定的了解。

物质准备：白纸、笔。

活动内容

1. 选场地。

（1）师：有小朋友说想自己分发水果，那水果配送中心应该开在哪里呢？

（2）教师带幼儿一起实地勘察幼儿园环境，讨论适合的场地。

2. 图纸设计。

（1）师：刚才我们在幼儿园走了一圈，你们认为哪里最适合开我们的水果配送中心？

（2）师：水果配送中心场地选择好了，那你们觉得我们还需要添置一些什么东西？

（3）请幼儿设计水果配送中心的环境。

（指导要点：教师指导幼儿设计摆放水果的柜子，考虑如何摆放各班水果篮，设计水果配送中心的招牌等。）

3.讨论。

讨论设计图,共同推选出最佳设计图。

(**指导要点**:教师请幼儿说一说设计理由,需考虑到各班的摆放顺序及拿取方便。)

活动要求

幼儿自主讨论选择合适的场地。

活动延伸

1. 设计水果配送中心线路。

2. 制订轮流分发水果方案。

活动附件

(李婷婷)

七、区域活动 制作工作牌

经验联结

怎样让人知道自己是配送中心的工作员呢？在参观水果超市后，有幼儿发现了工作人员身上的一些基本特征与装备，比如：工作人员的服饰、工作牌等。因此，他们希望自己也能有一些"特殊装备"来显示身份。他们开始为自己设计工作牌。

活动目标

1. 了解工作牌的作用和基本组成部分。
2. 通过设计和制作的工作牌来表明工作人员的基本信息和工作内容。
3. 积极参与活动，乐于表达自己的想法。

活动准备

经验准备：观察过水果超市工作人员的工作牌。

物质准备：已裁剪成小长方形的白色卡纸、画笔、工作牌口袋和挂绳等。

活动内容

1. 观察工作牌，讨论其作用和基本组成部分。
2. 设计信息卡片，制作工作牌。
3. 幼儿展示自己设计的工作牌，讲述工作牌的内容。

活动要求

让幼儿在小卡片上用绘画的方式表现出"水果配送"这一工作内容，制作成工作牌。

指导要点

信息卡可设计一面或正反两面；背景图案简洁，不遮挡信息内容，一组可设计相同或相似的图案，方便以后操作中组长统一收取。

活动延伸

1. 为自己设计一个喜欢的角色牌，可与同伴一起表演游戏。
2. 展示各种不同的工作牌、名片，供幼儿观察交流。

活动附件

（杨秀丽）

八、区域活动 水果配送中心的公约

经验联结

水果配送中心每周都会有不同的幼儿参与分水果的工作。如何让每一个幼儿都能熟悉配送流程，让配送活动更顺畅呢？在与幼儿交流的过程中，有人提出：要像我们的"班级公约"一样，有一份"约定"，这样大家就都能知道并遵守水果中心分发配送的规则了。

活动目标

1. 通过协商制定公约，并用绘画的方式表现。
2. 能遵守制定的公约，建立规则意识。

活动准备

经验准备：幼儿有分水果的经验。

物质准备：班级公约空白牌、纸、笔等。

活动内容

幼儿在教师的引导下了解公约的内容，用绘画的方式将内容表现出来，最后与教师一起整合成一份完整的"水果配送中心公约"。

活动要求

引导幼儿了解公约的作用，知道公约的内容，表征时将基本特征表达清楚。

指导要点

指导幼儿，说明制作公约牌是为了让每一名来工作的幼儿都能了解水果配送中心的规则。

活动延伸

1. 在美工区中提供彩纸、水彩笔、卡纸等，供幼儿进行其他区域的公约牌制作。
2. 散步时到水果配送中心参观。
3. 家长和孩子在家中制作家庭公约等。

活动附件

（沈雅婷）

九、集体活动 水果运送路线

活动目标

1. 学会看简单的路线图，并通过观察、比较与分析，选择合适的运送线路。
2. 能清楚地说出水果配送中心和教室的具体位置。
3. 能与同伴分工合作，遇到困难能一起克服。

活动准备

经验准备：幼儿对园内路线有生活经验。

物质准备：越秀幼儿园的园内地图。

活动过程

1. 谈话活动,引起兴趣。

(1)师:小朋友,在越秀幼儿园中,有一个水果配送中心,你知道在哪里吗?周边有哪些明显的物品和特征?

(2)师:我们的教室又在哪里呢?周边有哪些明显的物品和特征?

(指导要点:教师让幼儿通过讲述来理顺空间方位及其特征。)

2. 观察地图,了解水果配送中心和教室的位置。

(1)出示越秀幼儿园园内地图,让幼儿找一找、说一说。

(2)师:水果配送中心分好了水果,我们每天都要去领水果,可以怎么走?

(3)师:小朋友们要记住,根据我们选择的路线就能清楚地找到水果配送中心以及回教室的路。

(指导要点:在看园内地图的过程中,让幼儿找到不同的路线,以便后续能准确地在教室和水果配送中心往返。)

3. 观察比较,找出最优路线。

(1)师:你们现在都能找到水果配送中心和自己的教室,可是小红找不到,我们一起来帮帮她。

(2)师:有很多的路线,小红走哪一条最近?

(3)师:现在老师把越秀幼儿园的地图发下去,你们帮忙找一找,好不好?

(4)教师发地图,小朋友画路线。

4. 幼儿操作,教师指导。

在教师的指导下,幼儿开始具体操作。

5. 讲评。

教师根据幼儿的回答用不同颜色的记号笔在地图上标注,引导幼儿阐述选择的理由。

(指导要点:幼儿着重于表述,教师着重于记录。)

学习经验延伸

区域活动

建构区：提供积木和辅助材料，让幼儿进行路线的搭建。

日常活动

在生活中带幼儿参观水果配送中心。

亲子游戏

按指令设计从家到幼儿园不同的路线。

活动反思

在活动准备的过程中，教师让幼儿了解水果配送中心的具体位置，并让幼儿学习看园内地图，在经验准备充分的情况下，幼儿能根据地图规划出最优路线。在活动过程中，幼儿的语言能力和逻辑思维能力都得到了很大的提升和发展。

（姚 芸）

十、区域活动　分发水果喽

经验联结

"水果配送中心"已初具雏形，幼儿在这里可以负责领取、分发水果，通过动手操作分发水果，幼儿发现生活中许多问题可以用数学的方法来解决，理解了"加"和"减"的实际意义，体验了解决问题的快乐，提高了自我服务的能力，也增强了幼儿的数数能力、语言表达能力、合作能力等。

活动目标

1. 了解水果配送中心的设备和工作流程。
2. 能积极参与水果的领取和分发。
3. 能用数字、图画、图表或其他符号记录水果数量。

活动准备

经验准备：认识 40 以内的数字，能进行 10 以内的数数。

物质准备：工作流程图、工作职责图、围裙、帽子、工作挂牌等。

活动内容

幼儿先穿上围裙，挂上工作证，推着小车去食堂领取水果，再到保健老师那里领取每班水果数量的卡片，接着进行水果分发，完成后做好记录。

活动要求

1. 不要错过领取水果的时间。
2. 将领到的水果数字卡片放在对应班级的水果筐里。
3. 推小车的时候注意安全。

指导要点

指导幼儿在数桂圆、小番茄这类数量多的水果时尝试用恰当的方法，以免数错；重点关注幼儿是否了解水果配送的流程，并在分享时进行经验交流。

活动延伸

在平时的生活和学习中可以让幼儿进行按数取物、手口一致数数的活动，幼儿之间可以分享并学习数数的方法，积累数学经验。

活动附件

（江晓玲）

十一、区域活动　水果运输员

经验联结

"水果配送中心"成立以后,班级每天都会派领水果小组(2人)到配送中心领取水果,领取小组在将水果搬运回班级期间遇到了上楼难、篮子打翻等问题。如何让领水果小组更顺利地开展合作,安全地把水果搬运回班级呢?通过与幼儿讨论,有幼儿提出:玩一个"水果运输员"的游戏,让大家练习一下拿着篮子上楼梯、走狭窄的过道、躲避人群……这样就能让大家都学会搬运水果了!后延时间为一个月,以此帮助幼儿学习一人搬运、合作搬运、不同情境下搬运的方法。

活动目标

1. 乐意探索多种搬运水果的方法,勇于尝试和创新。
2. 能与同伴分工合作,遇到困难能一起克服。

活动准备

经验准备:练习走平衡木的动作。

物质准备:篮筐、仿真水果、平衡木、门洞、音乐、录音机等。

活动内容

幼儿两两组队,自由组成领水果小组。教师将这些小组分成2队,开展"水果运输员接力对抗赛"。2个队分别为自己的小队取名,并附上比赛口号,然后开始比赛。比赛时,两名幼儿合作抬水果篮,走过狭窄过道(平衡木),钻过门洞,上楼梯(阶梯)……一起把水果篮搬运回"班级"。到达"班级"后,拍下一组队员的手,接力出发,先完成的小队为胜。

活动要求

1. 遵守接力比赛的要求,不能抢跑,下一组队员要在拍手后才能出发。
2. 比赛途中两名组员的手都不能离开水果篮,整个过程都需要两人一起搬运。
3. 比赛途中水果篮子不能打翻,如果打翻水果,需要将水果放回篮子才能继续比赛。

4. 比赛的时候注意合作，注意自身和同伴的安全。

指导要点

指导幼儿了解合作比赛的性质，让他们知道要合作搬运水果篮。比赛前要商量好搬着篮子的同时怎样过独木桥、门洞、阶梯……如果想法不同，要学会讨论哪个方法更好，要能说出自己的想法，也要能接受同伴的意见。

活动延伸

在平时的生活和学习中可以让幼儿用各种不同的方法搬运各种各样的物品，引导他们学习一人搬运、多人合作搬运、在不同的情境下搬运等。搬运过后大家互相分享自己的方法，积累更多的搬运经验。

（陈　洁）

十二、区域活动　桂圆太多了怎么办？

经验联结

本活动来自幼儿在"水果配送中心"的实践，是他们在配送桂圆之后的延伸活动，后延时间为一周，以此帮助幼儿掌握 10 个一组的计数方法。

活动目标

1. 通过在区域活动中动手操作，感受"10"在计数中的作用。
2. 实现科学领域中能通过实际操作理解数与数之间的关系的目标。

活动准备

经验准备：能进行 10 以内的数数。

物质准备：小棒、牛皮筋、记录纸、记号笔。

活动内容

1. 幼儿将小棒每次数出 10 根，用橡皮筋捆绑在一起，最后看有几捆小棒。

2. 在记录纸上记录下来。

3. 数一数 10 根一捆的有几捆，余下不足 10 根的小棒有几根，合在一起总共有几根。

活动要求

提醒幼儿每次数出 10 根捆在一起，不足 10 根的小棒不捆起来。

指导要点

引导幼儿数数的时候 10 根一数，然后把它们捆在一起，不足 10 根的不能捆在一起。

活动延伸

继续在区域中分积木、给娃娃家的娃娃分水果等，提升幼儿数数的经验。

（周月华）

十三、区域活动　制作水果菜单

经验联结

在水果配送的路上，有幼儿提出："幼儿园每周的午餐都会在橱窗展示出来，我们就知道接下来吃什么菜了，那我们能不能也提前让小朋友们知道接下来都会吃什么水果呢？"幼儿从午餐菜单中习得了预先制定菜单的知识，最后经过讨论后决定也尝试着设计一个水果菜单。

活动目标

1. 认识"星期"，了解其顺序性、周期性，初步形成"星期"这一时间概念。

2. 能用数字、图画、图表进行水果菜单设计。

3. 积极参与活动，大胆地说出自己的想法。

活动准备

经验准备：有初步的"星期"的概念。

物质准备：一周食谱表、勾线笔、白纸。

活动内容

1. 幼儿参考幼儿园一周食谱表，讨论一周在园天数。

2. 幼儿讨论如何制作一周水果菜单。

3. 幼儿设计水果菜单的样表。

4. 将设计好的水果菜单表布置在"水果配送中心"。

活动要求

提醒幼儿在设计水果菜单时要做到一周水果不重复，还要考虑水果的时令性。

指导要点

教师引导幼儿按照星期的时间线开展设计活动。

活动延伸

1. 设计一星期的值日表或活动安排表。

2. 四季水果调查表。

（李婷婷）

十四、劳动活动　陈皮 DIY

活动缘起

甜甜的午睡后，幼儿们开始享用美味的午点。这天的午点水果是橘子，大家一边剥橘子一边讨论。有的说："这个橘子皮是可以吃的。我看到老师上次在泡橘子皮茶。"有的说："我妈妈说可以吃的橘子皮叫陈皮。"有的幼儿听了同伴的话，咬了一口剥下来的橘子皮说："有点苦，不好吃。"同桌几个幼儿都笑了。于是有人问："老师，橘子皮是怎么变成陈皮的？"

大家都在关注橘子皮如何变成陈皮。于是老师就说："你们想自己动手试试吗？""想！"大家异口同声地回答。"那今天我们把剥下来的橘子皮收集好，等准备好其他材料后就可以自己做陈皮啦。"

活动准备

经验准备：幼儿亲手剥过橘子皮，并观察过橘子皮和陈皮。

物质准备：陈皮制作视频，安全小刀，盘子、勺子等餐具，白砂糖若干。

活动内容

了解橘子皮的多种功用，自己动手制作陈皮。

活动前谈话

1.闻一闻、尝一尝陈皮食品。

幼儿说一说品尝陈皮食品的感受，猜测是用什么东西做成的。

（指导要点：引导幼儿大胆品尝各种陈皮做的食品，说说自己喜欢哪一种，它是什么味道的。）

2.说一说陈皮的功能。

小结：陈皮的本领很大，它有增加食欲、帮助消化、化痰、健脾等功效。

活动中的巡回指导

1. 观看视频，了解制作方法。

清洗橘子—剥橘子皮—把橘子皮切丝—蒸熟橘子皮—加糖和盐拌匀—晒干。

2. 幼儿操作，体验陈皮DIY。

幼儿分组制作陈皮，教师引导他们按步骤进行操作。

活动后交流和讨论

1. 想一想：陈皮是怎么制作的？

2. 刚才制作陈皮的时候，你遇到了什么有趣的事？

活动延伸

1. 在美工区中尝试用橘子皮进行手工创作活动。

2. 在扮演游戏中用自制的陈皮泡茶，招待客人。

3. 将饭后吃水果时剥下的橘子皮进行晾晒，每天观察，发现其变化。

4. 在家长的帮助下认识各种陈皮做成的食品，并尝一尝味道。

活动附件

（蒋金萍）

系列活动方案

⭐ 叮叮当当（中班）

一、参观活动　参观汽修店

活动缘起

周末的时候，舟舟和爸爸妈妈一起在家清洗汽车。回到幼儿园后，他和小伙伴们滔滔不绝地讲起了洗车的趣事，引起了大家的兴趣。这时有幼儿提出：幼儿园对面就有3家汽修店，那里有洗车的服务，我们能不能去汽修店参观一下呢？

活动准备

经验准备：认识梅石路和江兴西路以及它们的方向。

物质准备：梅石路上汽修店的照片。

参观对象和内容

教师带领幼儿集体参观汽修店。先观看叔叔洗车过程，了解洗车工具及洗车步骤；再自由参观汽修店，访问修车的叔叔，认识修车工具。

参观前谈话

1. 参观前的讨论。

师：来去路上要注意什么？参观的时候要注意什么？

（指导要点：鼓励幼儿能有礼貌地和汽修店的人进行交流。）

2. 参观中鼓励幼儿提问。

师：用什么工具洗车？怎样洗车？

商业街

参观后汇总和讨论

1. 幼儿3人一组自由组合,画出自己参观的时候所看到的东西或者了解到的事情。

2. 个别幼儿根据自己的作品介绍自己的所见所闻。

(*指导要点*:幼儿记录时,鼓励他们大胆地用绘画方式记录自己在参观过程中的所见所闻,并能和同伴分享。)

活动延伸

在美工区中提供纸、笔、废旧材料,让幼儿尝试制作洗车工具。

活动附件

(高月英)

二、集体活动　神奇的修车厂

活动目标
1. 观察画面并能大胆讲述画面中的主要内容。
2. 了解修车厂的工作内容，喜欢参与扮演游戏。

活动准备
经验准备：幼儿参观过汽修店，对汽车修理有一定的了解。

物质准备：绘本《神奇的修车厂》、纸箱汽车。

活动过程
1.创设情景，引出修车厂。

有一辆小车，它的名字叫嘟嘟，它在路上开呀开，哎呀，不小心撞坏了，这可怎么办呀？

2.出示图片，幼儿观察画面，熟悉汽车构造，了解汽车修理的过程。

（1）小车被什么车拖到了修车厂？

（2）修车厂里都有些什么东西？

3.幼儿阅读绘本，了解修车的过程和方法。

（1）修车师傅是怎么修车的？

（3）修车时要先做什么？再做什么？

（指导要点：在观察和讲述中重点了解修车需要的工具以及怎样运用工具修理汽车。）

4.生活迁移。

（1）生活中你看见过修车吗？工人是怎样做的？

（2）如果你是修车工，你会怎样做？

5.扮演游戏。

（1）教师出示纸箱汽车：我这辆汽车的车灯坏了，该怎么办呢？

（2）分角色玩修车游戏。

（**指导要点：**分角色游戏，汽车司机和修车工的具体分工要明确，体验合作游戏的快乐。）

学习经验延伸

区域活动

表演区：提供自制汽车，引导幼儿根据绘本故事进行表演。

阅读区：绘本《神奇的修车厂》。

日常活动

午餐前后指导幼儿自主阅读绘本《神奇的修理厂》。

亲子活动

家长可以带孩子去看看洗车店的修车过程，帮助幼儿增加一些修车的专业知识。

活动评价

1. 能仔细观察画面并大胆讲述。
2. 对修车产生兴趣并激发了探索的欲望。

活动反思

"叮叮当当、叮叮当当……"这是晨间户外活动时幼儿经常听到的对面修车店的声音。他们特别好奇，这时正好有幼儿带来了绘本《神奇的修车厂》，于是老师就和幼儿一起阅读了这本绘本。通过认真看图、大胆讲述，幼儿对修理、清洁、保养汽车的各个环节有了比较清楚的了解。这个故事具有很强的情境性。在阅读过程中，教师加入了角色扮演游戏环节，由于幼儿对修理、清洁、保养汽车这些内容特别感兴趣，他们参与游戏的积极性高涨，每个角色都模仿得有模有样。这次活动让阅读变得更加生动有趣。同时孩子们也在阅读中获得了一些关于修理、清洁、保养汽车的简单经验。

（侯沁好）

三、调查活动 汽修店常用的工具

活动缘起

幼儿园对面的汽修店里有许多修车工具，这些真实的修车工具成为幼儿学习和探索的材料。幼儿通过参观汽修店，对汽修工具产生了进一步探索的兴趣。因此，我们邀请家长和幼儿一起来调查汽修的工具。通过调查、交流和讨论，幼儿对各种汽修工具有了更深入的了解。

活动准备

经验准备：参观汽修店，对汽修工具有初步的了解。

物质准备：调查表、纸、笔。

调查对象和内容

参观"车享家"汽修店，观察店里的工具，在工作人员引导下记录自己观察到的工具，并倾听工作人员对工具的介绍，认真观看工作人员使用各种工具修车、洗车等。

调查前谈话

1.说一说对汽修工具的初步了解。

请幼儿说说通过前期的参观自己认识了哪些汽修店的工具。

2.明确调查的任务。

师：今天我们一起去"车享家"汽修店，对里面的工具作调查，看看除了我们刚刚说到的这些工具，汽修店里面还有哪些工具，这些工具分别是干什么的。

3.与幼儿一起探讨调查时需要注意的事项。

（1）分小组开展调查。

（2）调查过程中注意安全，听从工作人员的引导。

（3）遇到问题有礼貌地请教店内工作人员。

（4）仔细观察，把看到的及时记录下来。

4.观察调查表，讨论如何填写。

遇到自己感兴趣但不会记录的内容，可以找老师、家长用手机拍下来。

调查后汇总与讨论

1.小组内分享交流各自的调查情况：汽修店里有哪些工具？这些工具是做什么的？（修车工具、洗车工具……）

2.教师及时捕捉幼儿交流的信息并记录。

3.个别幼儿分享调查表。

4.教师和幼儿一起整理、汇总调查表，拓展对汽修店工具的认知。

活动附件

汽修店常用的工具调查表（用绘画的方式记录，也可在成人帮助下用照片记录）。

汽修店常用的工具

调查员：　　　　　　　　　　　　　调查日期：

工具名称	工具外形	工具用途

（王　菊）

四、收集活动　幼儿园的工具房

活动缘起

幼儿园开设工具房以后，幼儿就有了更多的机会去接触各种各样的工具。但他们觉得工具房里还缺少一些生活中的工具，有的工具数量也不足。于是我们与家长沟通，让幼儿参与工具房的建设，一起收集工具，并让他们在参观、使用工具的过程中获得更多关于工具的认知，不断提高动手操作能力和生活实践能力。

活动准备

经验准备：前期让家长和幼儿一起收集一些关于维修工具、劳动工具的资料，了解名称及用途。

物质准备：起子、卷尺、榔头若干。

收集对象和内容

首先带领幼儿参观幼儿园的工具房,看一看、找一找自己认识的工具,让幼儿说一说这些工具的作用;然后教师引导幼儿回家和爸爸妈妈一起收集几种常见的工具,如:起子、卷尺、榔头。思考:这些工具可以帮助我们做什么呢?

收集前谈话

1. 你觉得幼儿园里的工具房应该放些什么工具?
2. 工具可以怎么收集呢?
3. 收集完的工具可以怎么分类?

收集后汇总、展示、交流和讨论

收集完工具,让幼儿互相交流分享:从哪里收集的?自己带的工具是什么?这些工具有什么用途?使用时要注意什么?让幼儿把自己收集的工具投放到幼儿园的工具房,丰富工具房的工具种类,并请幼儿说一说最感兴趣的工具,与同伴进行分享。

活动延伸

科发区提供塑料仿真螺丝、螺帽进行配对。

活动附件

(张佳仪)

五、区域活动 螺丝螺帽玩玩乐

经验联结

幼儿通过在生活中观察身边的一些装修用的工具,认识了螺丝、螺帽等物品,知道它们的基本使用方式。当这些材料投放到区域之后,就成了幼儿动手、动脑的玩具。

活动目标

1. 通过拧的动作锻炼手指肌肉,增强手眼协调能力。
2. 喜欢探索,会用材料组装出各种图形。

活动准备

经验准备:参观身边的装修用具,认识螺丝、螺帽等物品。

物质准备:各种型号的螺丝、螺帽,多种型号的螺丝刀、KT板小片、木质组装材料。

活动内容

1. 请幼儿选择合适的平头螺丝与配对螺帽试一试配对。
2. 用螺丝、螺帽将KT板连接起来,试着拼接成各种简单的造型。
3. 用螺丝刀将其拧入木屑板,体验木匠的工作。
4. 出示示意图或范例,请幼儿进行组装,也可自由搭建。
5. 作品完成后向同伴介绍自己搭的是什么,怎么玩。

活动要求

请幼儿根据螺丝、螺帽的形状、颜色、大小等特点配对并自由搭建。

指导要点

在配对环节,允许幼儿试错,鼓励幼儿多次尝试调整。在组装环节,协助幼儿整理经验。

活动延伸

提供多种规格的螺丝、螺帽，鼓励幼儿再次给螺丝、螺帽配对。

（张芬芬）

六、区域活动　了不起的工具

经验联结

幼儿参观完幼儿园的工具房后，了解了工具房中一些常用的工具，认识了锯子、螺丝、扳手、锤子等物品，知道它们的基本使用方式。此时绘本《了不起的工具》的投入拓宽了幼儿对其他种类工具的认识，让幼儿知道工具五花八门，作用各式各样，让他们在了解工具种类及作用的同时，知道我们穿的衣服、吃的食物、住的房屋都是人们利用各种的工具与机器制作而成的。

活动目标

1. 了解各种各样的工具并知道它们与人们的关系，懂得尊重从事不同工种的人。
2. 能根据工具的用途匹配到相应的场景。

活动准备

经验准备：对工具有初步的了解。

物质准备：各种工具的图片、各种场景分布图底板。

活动内容

1. 幼儿自由阅读绘本《了不起的工具》。
2. 认识不同场景中各种各样的工具并知道其作用。
3. 根据工具的用途将图片匹配到相应的场景中，如锅和中餐馆的匹配、大小毛笔和画室的匹配。
4. 作品完成后幼儿相互分享交流。

活动要求

通过阅读认识各种各样的工具，并根据绘本将不同工具的用途与相应的场景进行匹配与分享。

指导要点

引导幼儿用语言表达出工具在场景中的用途。

活动延伸

鼓励幼儿在生活实践室、美术室、种植地、医院角色区等地方体验工具的各种功能。

（罗晨媚）

七、集体活动　大锤小锤

活动目标

1. 喜欢欢快的音乐节奏，能用身体动作大胆表现音乐情感。
2. 尝试用打击乐器表现基本的节奏。

活动准备

经验准备：幼儿认识各种打击乐器，有一定的打击乐经验。

物质准备：充气大锤子、小锤子，小鼓、木鱼或三角铁若干，音乐《锤子歌》及自制图谱。

活动过程

1. 出示教具，引出音乐。

（1）师：这是什么？两个比一比。由此引出"大锤子大、小锤子小"的歌词。

（2）听音乐《锤子歌》，提问：你刚才听到了哪些有趣的歌词？

2. 发现不同的节奏。

（1）讨论：刚才大锤子是怎么唱歌的？教师画节奏谱，补充自制图谱。

（2）小锤子和大锤子唱得一样吗？哪个更快？继续画节奏谱。

（指导要点：鼓励幼儿用大圆和小圆的图片表示声响，用具体的图形表示抽象的声音，为下一环节做铺垫。）

（3）跟着音乐一起唱，感受不同的节奏。

3. 大胆用肢体动作表达对音乐的感受。

（1）如果我们用身体动作，怎么做大锤子？（脚、大拳头等）鼓励幼儿大胆主动参与表现。

（指导要点：重点指导幼儿表现大锤子的动作，引导孩子尝试多种方式体验。）

（2）用自己的动作模拟大锤子和小锤子的声音，随音乐表现出来。

4. 用乐器代替身体动作进行演奏。

请幼儿听听小鼓和木鱼的声音，回答适合哪种锤子演奏，并用乐器来表达自己对歌曲的喜爱。

（指导要点：节奏乐活动前可以先建立一些规则，如看懂老师的手势，知道什么时候可以开始演奏，什么时候停止敲击。先让幼儿尝试、探索玩法，再学习正确的方法，然后慢慢跟着音乐节奏敲击，看图谱敲击，分角色敲击。）

学习经验延伸

区域活动

音乐区：提供打击乐器、节奏谱，引导幼儿有节奏地敲打或是跟着伴奏敲打。

日常活动

在餐前，尝试用小碗、小勺敲出美妙的节奏。

亲子活动

和家人一起，利用生活中的玩具、盒子、碗筷等物品，敲出好听的节奏。

活动评价

1. 能用身体动作大胆表现音乐情感。
2. 用打击乐器表达简单的节奏。

活动反思

这段音乐节奏清晰、重复性强，又有说唱的形式，很适合中班幼儿开展打击乐活动。活动中，他们既在感受不同乐器发出的特殊音色，又在用自己的动作、乐器的演奏表达对音乐的感受与内心的情感。活动中，教师利用电子白板直接添上大家讨论出来的图谱，用大圆点和小三角形分别表示不同的声响和节奏，对于这样的形式幼儿非常喜欢，也容易理解和掌握。从说唱到身体表达，最后用乐器演奏，整个活动都很流畅。当然，如果活动前能录制一些生活中人们使用大锤、小锤的视频供幼儿欣赏，或许更能激发幼儿参与活动的兴趣。

活动附件

（张亚珠）

商业街

八、集体活动　钉子画

活动目标

1. 了解钉子画，尝试将图钉按在软木板上形成简单的图案。
2. 体验钉钉子过程中的乐趣，并尝试用线在钉子画的基础上进行创作。

活动准备

经验准备：幼儿有一定的钉钉子的经验。

物质准备：钉子画PPT、图钉、软木板、蜡笔、各种图形纸片、若干手套、各色毛线、麻绳、若干剪刀。

活动过程

1. 欣赏钉子画。

欣赏各种各样的钉子画，感受钉子画这种特别的艺术表现形式。

2. 教师讲解如何制作钉子画。

（1）选择好软木板、图钉、图形纸片。

（2）将选好的图形纸片放在软木板上，用蜡笔标记好要钉的图钉的具体位置。注意钉子之间的距离要合适。

（3）将图形纸片覆盖在软木板上，固定住之后开始按钉子。在直线的地方可以少钉几个图钉，在曲线的地方要多钉几个图钉。

（指导要点：这一环节最为重要，只有钉子按到位，才能很好地尝试绕线。）

（4）钉子全部钉完以后就可以尝试绕线了。用毛线和麻绳绕的时候要注意从同一个方向开始绕。

（5）绕完线后，把图形纸片全部撕掉，这样一幅钉子画就完成了。

3. 幼儿尝试制作。

（1）教师巡回指导，提醒幼儿在按钉子的时候要注意钉子间的距离，并注意安全。

（2）用毛线和麻绳绕的时候可以选择不同颜色的线，要从同一个方向开始绕。

（3）教师要适时帮助能力弱的幼儿，并及时向幼儿分享好的作品。

（4）引导幼儿在制作完成后主动收拾材料，保持桌面整洁。

4. 展示交流。

把幼儿制作好的钉子画展示到作品墙上，幼儿互相欣赏、交流。

学习经验延伸

区域活动

美工区：幼儿继续尝试用钉子在软木板上钉图案，用做好的钉子画装饰环境。

日常活动

在区域活动和集体活动完成之后的时间里和幼儿一起尝试用毛线、麻绳等物品在钉子画的基础上进行再创作。

亲子活动

家长利用空余时间和幼儿一起制作钉子画，锻炼幼儿的手眼协调能力。

活动评价

1. 学会准确地将图钉按在软木板上。
2. 尝试在钉子画的基础上用毛线、麻绳等物品再创作。

活动反思

这是幼儿第一次接触钉子画这种艺术表现形式。对于这种艺术表现形式他们感到十分新奇，但是活动中也困难重重，如直接按钉子、绕线这两个环节对幼儿来说难度较大。因此，教师在活动中适时提供了各种图形纸片，指导幼儿根据图形纸片来按钉子，以降低难度，避免操作过难而让幼儿产生畏难情绪。

活动附件

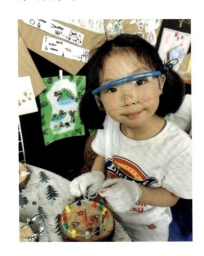

（陆叶平）

九、区域活动　工具大变身

经验联结

幼儿在收集工具的过程中发现一些工具的外形十分有趣，这引起了他们新的兴趣。工具除了用于修理之外还能怎么玩？借助工具的外形特征，可以鼓励幼儿发挥想象进行添画，发展想象力和创造力。为此，活动前教师准备了一些视频，让幼儿通过形象的添画过程获得一些经验，有趣的动画形象也更能激起幼儿的创作动力。

活动目标

1. 会沿着工具外轮廓勾画，并借形想象，添画出新的作品。
2. 体验艺术创作的乐趣。

活动准备

经验准备：观察常见工具的外形特点。

物质准备：工具变身步骤图、白纸、蜡笔、记号笔。

活动内容

幼儿先观看工具变身视频或者变身过程图，对工具变身有一个直观感受，然后把工具的外轮廓拓印在纸上，相互交流后进行添画，使工具变成其他有趣的造型。

活动要求

1. 鼓励与同伴一起想象工具可以变成什么，碰撞出火花，激发创新思维。
2. 先画出工具轮廓图再添画，添画后别忘记给工具涂上颜色。

指导要点

在拓印轮廓的时候，提醒幼儿把笔竖直，贴着工具的边画。能力弱的幼儿可直接在提前准备好的工具轮廓图上添画。

活动延伸

新增装饰性材料，如丝带、毛线、亮片、彩纸等，使添画的画面更丰富、更具装饰性，还可以将白色背景纸替换成纸板、纸盒等，使幼儿的作品更具立体感。

商业街

活动附件

扳手变变变

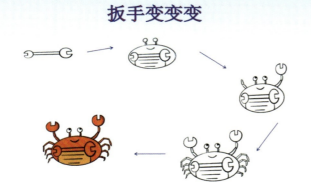

锤子变变变

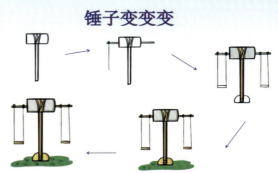

斧头变变变

（钱花伟）

身边的地铁（大班）

一、集体活动　地铁站叔叔阿姨来做客

活动目标

1. 通过地铁站工作人员的介绍及短片展示，能较清楚、连贯地讲述工作人员工作的情景。
2. 工作人员的互动中了解一些关于地铁的知识和乘坐地铁的常识。

活动准备

经验准备：幼儿有乘坐地铁的经验。

物质准备：苏州地铁4号线运行线路图、江兴西路站4号进出口图片、地铁站相关的PPT、多媒体设备等；提前联系好两名地铁站工作人员。

活动过程

1. 引起兴趣，导入课程。

师：小朋友有没有乘坐过我们苏州地铁4号线？在地铁站有没有见过里面的工作人员呢？今天老师邀请了我们地铁4号线的叔叔阿姨来我们大一班做客，大家一起欢迎！

2. 介绍引领，感受体验。

（1）地铁工作人员播放PPT，介绍苏州地铁4号线的运作、地铁站标识等知识，引导幼儿聆听和感受。

（2）短片展示苏州发达的地铁交通，引导幼儿理解地铁出行的绿色与便捷。

（指导要点：请地铁站工作人员全面地把地铁特色讲解清楚，特别是各站点所属的景区及地铁出行的方便之处。）

3. 提问互动，探索未知。

（1）幼儿自由提问，把自己没有弄明白的问题向工作人员问清楚。

（2）工作人员结合PPT，图文并茂地给幼儿解答并进行互动。

4. 游戏巩固，升华主题。

PPT上展示关于地铁的标识、图片等，幼儿看图抢答，答对的幼儿得到一枚贴纸。

学习经验延伸

区域活动

展示区：展示地铁的标识、图片，幼儿对此进行观察探究。

语言区：幼儿带来自己乘坐地铁时拍的一些照片，跟同伴介绍和讨论自己的乘坐体验。

日常活动

课余饭后引导幼儿谈一谈自己乘坐过的地铁，有怎样的乘坐感受。

亲子活动

请家长在周末带孩子出游活动时尽量选择绿色出行方式，带幼儿一起乘坐地铁。

活动评价

1. 能和地铁工作人员进行互动，学会在倾听和提问中了解一些关于地铁站和乘坐地铁的常识。

2. 喜欢乘坐地铁，知道乘坐地铁是一种绿色出行方式。

活动反思

现在地铁已经成为人们日常出行常用的一种交通工具，孩子们也会经常跟着家长一起乘坐地铁，对地铁相关的知识有一定的了解。幼儿园附近就是4号线的地铁站，我们邀请了地铁站的工作人员来为幼儿讲解地铁的相关知识，这让孩子们兴奋了一回，在工作人员将地铁线路跟旅游景点相结合讲述时，大家都听得津津有味。以这样的方式开展活动，让活动更有效。

（陈　洁）

二、集体活动 地铁是怎样建成的？

活动目标
1. 阅读绘本，了解地铁建造的一些常识。
2. 萌发对地下交通的探索欲望。

活动准备
物质准备：绘本《地铁是怎样建成的》。
经验准备：有乘坐地铁的经验。

活动过程
1. 谈话活动，引出主题。
师：好多小朋友都乘过地铁了，那你们知道地铁是怎么建造的吗？

2. 逐页欣赏绘本，了解地下世界。

（1）在地铁建造之前，工程师首先要规划列车行驶的线路。地图上地铁线路像蜘蛛网一样四通八达，称为地铁线网。

小结：地铁线网规划是在城市发展战略、总体规划、土地利用规划的基础上，根据客流预测分析，充分考虑交通与城市发展之间的关系，选择方便市民出行、能适应城市可持续发展的一项布局。

（2）师：地铁一般是建在地下，那么地下世界又是怎样的呢？

小结：浓缩版的地质构造示意图像一块"大蛋糕"，可以看到地下是由很复杂的岩土构成的。

（3）师：可是我们没有透视眼，怎样弄清楚地下的情况呢？这时就要依靠工程地质勘察了。

（**指导要点**：地铁建造在地下，为了了解地下的世界，可以让幼儿带着问题进行阅读，能引导幼儿进行更有效的思考。）

3. 继续欣赏绘本,了解地铁建造的基本常识。

(1)地铁车站选在哪里?

师:依据城市规划,地铁车站一般会选择建在住宅区、商业区等主要客流集散点,方便市民出行。同时考虑土地的利用、与其他交通方式换乘是否便捷、周边环境条件等因素。

(2)挖法施工。

① 安全又经济的明挖法施工。

师:正式开工前,要准备一块满足施工需求的场地。地铁车站一般是从地面自上而下开挖,这就是安全又经济的明挖法施工。开挖前,需要处理影响施工的建筑、绿化和管线等,还要增加临时道路,以减少建设地铁时对交通出行的影响。

② 开始建造地铁车站的"外壳"。

师:有了施工场地后,我们开来了很多机器,准备施工啦!首先,我们来建造地铁车站的"外壳",如地下连续墙,保护基坑与周边安全。

③ 在深坑里面建造地铁车站的。

师:在连续墙完成后,便开始一边开挖一边支撑,形成一个巨大的方形深坑。我们就是在这个深坑里面建造地铁车站。

④ 地铁车站雏形渐渐成型。

师:在搭好的钢筋网上灌注混凝土,这时地铁车站的雏形渐渐成型了。接下来还会做什么呢?

(*指导要点*:教师有步骤地提出问题:车站地址应该选在哪里呢?要考虑哪些因素呢?施工要注意什么事项呢?在阅读绘本的过程中,帮助幼儿初步梳理出地铁站建造施工的过程与方法。)

4. 完整欣赏一遍故事。

教师结合绘本完整讲述故事。

(*指导要点*:完整欣赏故事的同时,帮助幼儿进一步了解关于地铁建造的相关事项。)

学习经验延伸

在建构区进行建构地铁的活动。

区域活动

语言区： 欣赏地铁施工的图片，和同伴交流讨论。

日常活动

和孩子一起阅读关于地铁的小故事。

亲子活动

和家人一起体验乘坐地铁。

活动评价

喜欢探索地铁的奥秘。

活动反思

地铁是怎样建成的？这是幼儿非常感兴趣的话题。活动从幼儿生活经验出发，借助一本绘本，和幼儿一起探索地下世界，梳理地铁的建造过程，让幼儿从生活进入绘本，又从绘本联系生活。整个活动幼儿表现得很活跃，看得出来他们对地铁是怎样建造的非常感兴趣。

（钱晨曦）

三、集体活动　地铁自动检票机

活动目标

1. 知道自动检票机的主要功能，了解自动检票机的工作原理。
2. 会正确使用自动检票机进行检票，并能自觉遵守出入口检票规则。
3. 能积极主动地与同伴分享自己探索过程中的发现。

活动准备

经验准备：有使用自动检票机的经验。

物质准备：不同的自动检票机图片、自动检票机运作视频、若干操作图片。

活动过程

1. 认识自动检票机。

（1）出示地铁自动检票机图片，谈话导入。

师：认识这张图片上的机器吗？在哪里看到过？它叫什么？

（2）幼儿说说对自动检票机的认识。

师：你们在乘地铁的时候有没有仔细观察过自动检票机呢？地铁站为什么要有自动检票机呢？

小结：自动检票机是乘坐地铁必须经过的关口，是乘客进出站刷票卡通过的自动设备。自动检票可使排队检票的秩序井然，还能够有效控制假票、逃票现象，减轻车站值班人员的工作负荷。

（指导要点：教师抛出问题后可以用讨论的方式给幼儿一定的自由空间，在讨论后得出经验总结。幼儿对乘坐地铁都有一定的经验，他们对自动检票机有过使用经验，自然都会各抒己见。）

2. 了解自动检票机的工作原理。

（1）结合自己乘车的经验，说说自动检票机是怎么工作的。

师：自动检票机在什么时候会自动打开门放乘客进去呢？

幼儿讲述后播放自动检票开门的视频。

师：视频里的人是怎么操作的？你平时乘坐地铁时是怎样的？除了我们刚才看到的，你还知道其他可以让门自动打开的方法吗？

小结：纸质的单程票、储值卡、手机里的电子地铁卡在自动检票机上的读卡区上照一照，自动检票机的门就会自动打开，然后我们就可以顺利通行。在出来的时候，用同样的方法再刷一次门就自动打开了，但纸质的单程票却需要放入机器上专门的单程票回收口。

（2）观看自动检票机图片，了解其主要的工作原理。

师：你知道单程票回收口在哪里吗？我们一起来看一下。

教师边看图片边引导幼儿认识每一个部位的名称及用途。

（指导要点：调动幼儿用多种感官参与对自动检票机的探索，用看视频、看图片、经验回顾等方式，对设备的工作原理进行直观的认识。）

3. 安全进出自动检票机的注意事项。

（1）出示图片，引导幼儿进行对与错的判断，学会正确安全进出自动检票机。

（2）总结安全进出自动检票机的注意事项。

4. 迁移经验，讲述自动检票机的不同种类及用途。

师：除了地铁站，你还在哪里见过自动检票机？它们长得一样吗？

学习经验延伸

区域活动

建构区：创设地铁站环境，尝试搭建自动检票机。

扮演区：角色扮演，模仿自动检票游戏情境。

日常活动

继续交流分享自己对自动检票机的认识。

亲子活动

请家长带幼儿一起乘坐地铁，再次感受地铁检票机的工作原理。

活动评价

1. 能说出自动检票机的主要功能和简单的工作原理。
2. 初步学会使用自动检票机，能自觉遵守进出规则。
3. 乐于大胆、积极地与同伴分享自己的发现。

活动反思

幼儿对于自动检票机的好奇心就像对待玩具的一样。活动过程中,幼儿通过经验的回顾、视频、图片的观看,发现了自动检票机的工作原理,从而举一反三迁移经验,搜寻其他有类似检票机工作的地方。自动检票机对幼儿来说犹如一件大型玩具,操作的过程也像是玩玩具的过程,在活动中一步步去体验、解锁,对他们来说就像游戏闯关一般,有趣又有成就感。

(沈伟玉)

四、参观活动　认识地铁安检机

活动缘起

随着苏州地铁4号线的开通,人们的出行更为方便快捷了。现在,幼儿基本已经有了地铁出行的生活经验,对坐地铁的大致流程也都了解,但是对于其中的安检环节并不十分明确,因此就有了这次实地去参观认识安检机的活动。

活动准备

经验准备:幼儿有乘坐地铁的经验。

物质准备:安检机图片、不能过安检的违禁物品图片。

参观对象和内容

参观地铁站,观察安检机的外形特点,了解安检机的作用。知道地铁安检很重要,违禁物品不能携带。学会如何正确过安检。

参观前谈话

带着问题参观:

(1)安检机摆放的位置在地铁站的哪里?

(2)安检机的构造及组成分别是怎样的?

（3）安检机的工作原理是怎样的？

注意事项：在参观时不明白的地方可以及时提出来，或者先让老师拍照，回来再讨论。注意参观时的安全，人需要跟运转中的机器保持一定的距离。

参观后汇总和讨论

1. 探秘安检机。

教师引导幼儿将自己参观时探索到的答案大胆地在集体面前分享：

（1）安检机的组成部分。

（2）安检机是怎么工作的。

（3）安检机的秘密在哪里。

2. 根据幼儿的实地参观经验讨论安检机的作用。

小结：安检机主要对除人体以外的行李、物品等进行透视性的扫描，从而发现隐藏在里面的危险物品。

3. 讨论：为什么一定要设置安检机器进行安检？

（1）如果部分人携带一些危险品进站，那么对其他乘客的生命安全是一个很大的威胁。为了乘客的人身安全和地铁的运行安全，需要设置安检。

（2）安检是为了防止不法分子乘机作恶。一些恐怖分子总是通过恶性事件吸引目光，为了避免他们伺机作恶，必须通过安检，在进入地铁前阻止其恐怖行为。

（3）高峰期间，进站前的安检，在某种程度上起到了一定的客流管制作用，保障了车站列车的安全运行，更有利于维持乘客的乘车秩序。

4. 讨论哪些物品不能携带进地铁站。

根据幼儿回答进行小结：

活体动物；易燃易爆性、毒害性、腐蚀性、放射性物品及传染病病原体；枪械弹药、管制刀具及各类攻击性武器；易污损、有严重异味或者无包装易碎的物品；其他影响公共安全、运营安全或者乘客人身、财产安全的物品。

活动延伸
用绘画的方式设计一台安检机。

（叶艳梅）

五、收集活动　地铁线路图

活动缘起
苏州地铁4号线位于鲈乡幼儿园越秀园区附近，幼儿对乘坐地铁表现出了极大的热情。有一次在和幼儿聊天的时候，有人说坐地铁的时候，和爷爷奶奶坐错了方向，不得不重新坐回来。为了让幼儿进一步了解地铁，首先就是要让幼儿学会看地铁线路图，特别是离幼儿园最近的苏州地铁4号线地铁线路图，线路图中包含了丰富的数学教育资源，比如：4号线上有多少个站台？地面上有几个？地下有几个？如何让幼儿用自己的方式进行统计和记录？因此，教师利用这个线路图开展了一系列的收集活动。

活动准备
经验准备：幼儿对地铁线路图有一定的了解。
物质准备：地铁线路图、笔、记录单。

收集对象和内容
1. 收集不同城市的地铁线路图，观察、比较与分析，发现各城市地铁线路图的相同与不同之处。
2. 描述地铁线路图上圆点、虚线和实线所代表的意义。
3. 收集苏州地铁线路图及地铁4号线线路图，用数字、图画、图表或其他符号记录苏州地铁4

号线分类统计站台和可以换乘的站台数量。

收集前谈话

师：你们都乘过地铁也学会了进地铁站后怎么安检和检票，那接下来要往哪个方向乘车呢？万一乘错了怎么办呢？你会使用地铁线路图来帮忙吗？你见过地铁的线路图吗？在哪里见到的？你觉得地铁的线路图有什么用呢？请你们和爸爸妈妈一起想想办法搜集一些地铁的线路图带来班级，我们来一起找找地铁线路图上的秘密。

收集后汇总、展示、交流和讨论

1.观察、分析地铁线路图。

师：这是什么图？你在地铁线路图上看到了什么？

师：这些地铁线路图有什么相同的地方？有什么不同的地方？

师：你们知道苏州地铁有哪几条线路吗？分别是什么颜色的？

师：我们从吴江去苏州要坐地铁几号线？你们坐过4号线吗？分别去了哪些地方？请你在图上指给大家看。

（指导要点：引导幼儿通过指图，并结合日常生活经验，理解站台就是车站的意思，字是站台的名字，圆形是站台，虚线表示地铁的站台在地下，实线表示地铁的站台在地上。站台是人们等地铁、上地铁的地方，和公共汽车的站台是一样的。）

2.统计苏州地铁4号线站台的数量及换乘站点的数量。

师：苏州地铁4号线上共有几个站台？有交叉的站台有哪些？

（1）教师讲解幼儿的记录单，数一数可以换乘和不可以换乘的站台。

（2）幼儿统计、记录，教师巡回指导。

（3）幼儿交流分享各自的记录结果和统计方法。

（指导要点：引导幼儿使用记录单，并根据记录单初步学习统计和汇总，来了解和判断站台的数量及换乘的知识,从而逐渐了解和熟悉地铁线路图。)

3. **操作实践**:寻找从江陵西路站到苏州乐园站的线路。

师:今天,我要去苏州乐园玩,请你们在线路图上为我设计一条合适的路线,并且告诉我要经过多少站台。

(1)幼儿分小组操作,在线路图上标出路线和站台的数量。

(2)幼儿交流分享各自的记录结果和统计方法。

(**指导要点**:在这个环节中,要积极引导幼儿进行实践和思考,最后大家一起总结出去苏州乐园可以有很多条路线,只是有的线路短,很快就能到达,而有的路线要绕很大的一个圈,需要换乘几次地铁。)

活动延伸

寻找一处喜欢的景点,让幼儿为自己周末的旅行设计一条地铁线路图,并和家长一起去走走。

活动附件

苏州地铁线路图和统计表

苏州地铁 4 号线站台统计表	
班级:_____ 姓名:_____	
站 台	数 量
可以换乘的站台	
不可以换乘的站台	
站台总数	

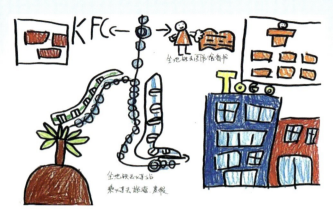

（陶丽萍）

六、集体活动　地铁的构造

活动目标

1. 了解地铁的外部特征和内部结构。

2. 简单区分地铁和火车的异同。

活动准备

经验准备：幼儿有乘坐地铁、火车的经验，看到过地铁和火车实物或者拆解过地铁和火车模型。

物质准备：地铁、火车照片，地铁和火车构造的图片和视频。

活动过程

1. 情境导入。

幼儿随音乐"坐地铁"进教室。

2.了解地铁的外部特征和内部结构。

（1）幼儿回忆自己坐地铁的经历。

（2）幼儿观察地铁照片。

（3）教师引导幼儿讨论。

师：地铁外面是什么样子的？它的前面是什么？地铁车厢和车头下面有什么？地铁里面有什么？

（指导要点：引导幼儿回忆的时候要有一定的逻辑顺序，这样能让幼儿更有效地进行思考，更清晰地表达自己的所见所闻。）

（4）观察地铁构造图片，让幼儿了解地铁构造的一些细节。

（5）引导幼儿说说地铁构造的一些作用。

小结：地铁列车主要设备包括车体、车门、车钩、转向架、受电弓、牵引系统、制动系统、空调系统、辅助系统、控制系统和乘客信息系统等。

（指导要点：在这个环节中，教师要引导幼儿集中注意力观察图片，并能结合自己的经验说出图片中地铁构造的内容，以及某些构造的作用。）

（6）了解地铁是在轨道内行驶的城市交通工具。

小结：地铁是在轨道内行驶的城市交通工具，它可以在地下和地上的轨道上行驶。

3.简单区分地铁和火车的异同。

（1）幼儿根据生活经验说说地铁和火车的异同。

（2）教师引导幼儿观看地铁和火车构造的视频，比较地铁和火车的相同之处和不同之处。

相同点：都是交通工具，都是长长的，都可以坐很多人……

不同点：地铁可以在地下也可以在地上开，火车都在地上开；地铁只可以载人，火车可以载人可以运货；地铁在一个城市跑，火车可以世界各地跑；地铁运行靠电，火车运行可以用燃料也可以用电；地铁内部和火车内部的布置也不相同，地铁只有座位，火车除了座位外还有床可以睡觉……

（**指导要点**：在这个环节中，幼儿应具备相关的经验，老师要在活动中充分调动他们的已有经验，并引导他们通过观察、比较与分析，描述出不同物体的独有特征，并进行梳理汇总。）

（3）幼儿谈论自己坐地铁和坐火车的经历，表达自己的不同感受。

学习经验延伸

区域活动

建构区：幼儿搭建地铁轨道和地铁车厢。

美工区：绘画"我心中的地铁"。

阅读区：阅读地铁、火车相关的书籍。

日常活动

一起聊一聊自己乘坐地铁的经验。

亲子活动

家长可以带幼儿去乘坐地铁和火车，感受两者的异同。

活动反思

苏州地铁4号线从幼儿园周边社区穿过，幼儿对其非常熟悉。本次活动的重点是帮助幼儿梳理生活经验，并有序完整表达自己的经验，同时教师在活动中及时把握幼儿的一些兴趣点及他们难以理解的部分，对此进行重点引导。活动中，幼儿一直在教师的引导下回忆梳理、观察比较，进而完整表述自己的想法，最终各方面均达到了预期目标。如果说有什么遗憾的话，就是整个活动过程比较平淡，如果一开始就抛出地铁和火车有什么不同这个问题，可能就会引发幼儿之间更加激烈的讨论和更加强烈的情绪共鸣。

（费玲俐）

七、调查活动 测量地铁站的深度

活动缘起
最近幼儿对于地铁的兴趣颇深，幼儿之间每天都有相关话题产生。大班幼儿对于科学探索的兴趣很浓，他们想知道：地铁到底有多深？幼儿能够积极主动地进行探索吗？

活动准备
经验准备：幼儿已有测量的经验。

物质准备：地铁站建筑物纵向剖面图、各种测量工具、记录单。

调查对象和内容
地铁的深度、测量地铁深度的方法。

调查前谈话
1. 你乘地铁的时候有没有观察过地铁站是建在地底下还是地面上的？
2. 地铁站建在地底下，那地铁站到底有多深呢？
3. 有什么方法可以知道地铁站的深度呢？

调查后汇总和讨论
1.讨论测量台阶高度的方式。

师：我们可以借助什么工具去测量呢？

每组合作，用自己准备的材料测量，并在记录单上做好记录。

2.分享测量结果。

幼儿相互交流测量的方法和结果。

活动附件

记录单	第_____组
测量工具	测量结果

（张燕芳）

八、生活环节渗透　便捷的地铁

活动缘起

晨间谈话活动中幼儿们聊到了周末去哪儿玩的话题，有幼儿说去了吴中博物馆，有幼儿说去了观前街……相同的是他们都乘坐了地铁4号线，速度很快，也没有堵车的烦恼。幼儿周末乘坐地铁出行的频率颇高，这些乘坐的经验也成了他们课余饭后的话题。

活动准备

经验准备：幼儿已有乘坐地铁的经验；了解一些苏州地铁4号线站点的名称；知道如何播报站点提醒乘客；有一定的规划路线的经验。

物质准备：活动室区域空调分布图、笔、各种标志。

活动内容和方式

1. 饭后散步活动中以"开地铁"的游戏方式带领幼儿活动,请幼儿说一说出发去"吴中博物馆"可以选择哪些出行方式?

2. 幼儿说说乘坐地铁的步骤及需要遵守的规则。

活动中的指导

引导幼儿模仿地铁站播报站点,如"大一班到了,请需要下车的乘客带好随身物品在列车行驶方向的左侧车门下车!"在游戏期间提醒幼儿遵守规则,不奔跑吵闹。

活动延伸

可在区域游戏中增设"便捷的地铁",规划整个活动室区域的路线,设置地铁的站点,幼儿在区域与区域之间交流穿梭时以"乘坐地铁"的形式进行活动。

(沈伟玉)

九、区域活动 我眼中的地铁

经验联结

地铁在日常出行中已越来越普遍,但是幼儿对地铁的整体外形和内部设施有足够的认识吗?幼儿有细致地观察过地铁吗?在区域活动中,我们发现一些幼儿开始画地铁,个别幼儿还开始设计不一样的地铁。因此,我们把"我眼中的地铁"放到区域活动当中,和幼儿一起从观形、绘画出发,加深对地铁的认知。

活动目标

1. 清楚地铁的外形特征,了解车厢的内部结构与设施。

2. 愿意与同伴合作绘画。

活动准备

经验准备：乘坐过地铁，并对地铁的外形与内部设施有观察。

物质准备：白纸、勾线笔、蜡笔、剪刀、胶水。

活动内容

幼儿在白纸上画出一节车厢，并添画上车厢里的设施，再用剪刀剪下来粘贴在预先提供的画有铁轨的展示底板上。

活动要求

1. 能够独自完成一节车厢的绘画。

2. 几位幼儿画的车厢外形统一，内部设施清晰。

3. 每人完成后，能一起把各自的车厢粘贴到铁轨上，并用线条把每节车厢连接起来，组成一辆完整的地铁。

指导要点

1. 合作的幼儿所画的车厢尽量做到大小均匀。

2. 注意从车窗、车门中体现内部的设施。

3. 鼓励幼儿添画一些正在乘坐的人物，使得画面更丰富。

（马　华）

十、集体活动　地铁着火了怎么办？

活动目标

1. 了解简单的消防知识，认识地铁各种疏散标志。

2. 在看看、说说中大胆清楚地讲述自己的想法。

3. 树立防火意识，提高自我保护能力。

活动准备

经验准备：幼儿有一定的火灾逃生演习经验。

物质准备：消防标志"严禁烟火""安全出口""火警119"等、园内消防设施、火灾影像画面、地铁各种标志相关的PPT等。

活动过程

1. 观看新闻视频，导入活动。

教师组织幼儿观看地铁火灾的新闻，使幼儿感受地铁火灾的危险性。

师：听，这是什么声音？（消防车的声音）我们一起看看发生了什么。

2. 出示PPT引导幼儿看一看、讲一讲。

师：假如我们在地铁站碰到火灾了，可以怎么做？

教师引导幼儿思考与表述在遇到火灾时可以寻求哪些方法。

（1）报警：火警电话119。

（2）使用灭火器：灭火器在地铁车厢中部座位下。

（3）地铁紧急报警装置：地铁上方或右侧，按下通话按钮后向司机报告起火位置。

（4）地铁疏散标志和逃生通道：不要乘坐电梯、扶梯，迅速找到安全出口，听从车站工作人员统一指挥，按照车站疏散标志的指示方向疏散。

（5）保护自己的方法：用湿衣或毛巾捂住口鼻，防止烟雾进入呼吸道。紧跟着家长，贴近地面弯腰以低姿势疏散到安全地区。

（指导要点：利用图片激发已有经验，让幼儿了解地铁火灾逃生知识，学习保护自己的方法。）

知识链接：地铁发生火灾如何逃生自救？当乘客还在站台上未登车时，要按照消防指示标志听从指挥沿着楼梯逃生，注意逆风疏散；若在列车上，首先按车厢内红色紧急按钮，告诉司机车厢着火，随即拨打119；如果车头着火，车头和车尾方向会启动排风和送风装置，此时应逆风疏散逃生；要听从地铁站工作人员或广播指引，注意朝明亮处迎着新鲜空气跑；浓烟下采用低姿势撤离，视线不清时，手摸着墙壁徐徐撤离；逃生时不要贪恋财物而浪费宝贵的逃生时间；遇到火灾时不可乘坐电梯或扶梯；用湿毛巾、口罩捂鼻子；身上着火千万不要奔跑，可就地打滚或用厚重的衣物压灭火苗。

3. 预防火灾。

（1）观看录像，教育幼儿不玩火、不放火，不携带危险物品坐地铁。

（2）出示生活中的消防标志，并讲解其含义。

4. 防火演习。

（1）情景：把座位调整成长条形，模拟地铁，放置地铁疏散标志。"小朋友，不好了，地铁失火，火灾发生了，我们赶快撤离。"

（2）教师提醒幼儿不必慌张，就地找到可以帮助大家离开的用品。教师和幼儿用湿毛巾、湿布掩住口鼻，看着疏散标志，沿着逃生路线，弯腰摸墙撤离。

（指导要点：运用防火演习的情景游戏让幼儿身临其境。教师要在情境中提醒幼儿火灾逃生的一些基本常识，比如利用湿毛巾捂住口鼻，并能根据逃生路线及疏散标志安全撤离。）

学习经验延伸

区域活动

语言区：提供科普绘本《着火了怎么办》供幼儿阅读。

探索区：带领幼儿探索地铁的安全出口，寻找消防通道。

日常活动

引导幼儿讨论如何避免着火，着火了又该如何逃生。

亲子活动

和家人一起坐地铁，细心观察，对地铁消防通道等设施有进一步的了解。

活动评价

1. 了解简单的消防知识。
2. 知道在地铁上遇到火灾时如何疏散逃生。

活动反思

本次活动针对"地铁着火了怎么办"话题展开，是一次生活中的安全教育。幼儿有基本的火灾逃生知识与经验，知道火警电话和用灭火器灭火等，在他们已有经验的基础上，教师通过图片、视频，在看看、说说的情境中，进一步帮助幼儿认识并了解地铁疏散标志及地铁火灾时自我保护的方法。利用班级资源模拟地铁火灾逃生，让幼儿身临其境，回顾学到的逃生知识，从而进一步提高自我保护能力。

（陈晋芳）

单个活动方案

一、区域活动　螺丝钉创意画（中班）

经验联结

毕加索说过："每个孩子都是天生的艺术家。"孩子们都喜欢画画，但总拿着画笔规规矩矩地画，他们难免会觉得枯燥，我们需要帮助孩子找到更多的绘画工具。本次活动以螺丝钉为绘画工具，让幼儿在亲身体验中探索绘画工具，体验色彩的冲击力，进一步引导幼儿学会用心灵去发现和感受美，用自己的方式去创造和表现美。

活动目标

1. 尝试用螺丝钉拓印画，初步感受螺丝钉拓印的美。
2. 感受用拓印的影子作画的乐趣，发展想象力。

活动准备

经验准备：幼儿知道螺丝钉拓印出来的图案是三角形、正方形和六角形；认识曲线和直线；幼儿有使用颜料的经验。

物质准备：人手一件包包衫、颜料、盘子、大纸、若干抹布。

活动内容

1. 创设情境：小汽车行驶在马路上。
2. 用螺丝钉蘸取颜料在马路上拓印小汽车。
3. 请幼儿观察拓印留下的图形。
4. 添画出小汽车的轮胎。

活动要求

根据情境用螺丝钉蘸取颜料拓印小汽车并根据图形添画。

指导要点

在拓印画的时候小心蘸取颜料，鼓励幼儿探索螺丝钉的不同拓印方法。

活动延伸

鼓励幼儿用不同的废旧材料拓印造型，体验拓印活动的乐趣。

（胡　君）

二、生活环节渗透 榨果汁（大班）

活动缘起

孩子们在水果配送中心配送完水果后会多出来一些水果，小小配送员们对这些水果展开讨论：多出来的水果怎么处理呢？有的幼儿说可以送回食堂，有的幼儿说送给老师，有的幼儿说可以拿来榨汁，最后大家一致同意用榨汁的方法处理多出来的水果。于是孩子们又从家中带来不同类型的水果，和配送中心的水果一起放在生活实践室开展了榨果汁的活动。

活动准备

经验准备：认识各种水果，会操作简单的榨汁工具。

物质准备：水果、刀、手动榨汁机、电动榨汁机、围裙等。

活动内容和方式

1. 说说自己认识的水果。

（1）师：孩子们带来了各种各样的水果，配送中心也多出来了一些水果，谁认识这些水果？

（2）师：这些水果有什么营养？

2. 说说榨汁工具。

请幼儿介绍自己所看到的工具，并初步设想自己会怎样使用这些工具来榨取果汁。

3. 榨果汁。

（1）将水果进行清洗，有的水果还需要进行剥皮。

（2）选择合适的榨汁工具进行榨汁。

（3）将水果汁倒入果汁杯中。

4. 分享果汁

幼儿分享自己的劳动成果并说说果汁的味道。

活动中的指导

1. 指导幼儿运用合适的工具榨取果汁。
2. 鼓励幼儿探索出多种方法来榨取果汁。
3. 提醒幼儿将榨出的果汁倒入果汁杯中。

活动延伸

在幼儿扮演游戏中渗透榨果汁、卖果汁的游戏情节。

活动附件

（王 勤）

三、调查活动 地铁里的标志（大班）

活动缘起

地铁已经成为人们日常出行的重要交通工具，幼儿和家人一起乘坐地铁的机会也越来越多，于是遵守乘铁的规则、认识地铁里的各种标志、增强幼儿的安全意识变得极为重要。

活动准备

经验准备：生活中曾看到过安全标志。

物质准备：调查表、笔。

调查对象和内容

调查地铁中有哪些安全标志，这些安全标志都代表着什么含义。

调查前谈话

1. 说一说：地铁站里会有什么标志？是做什么用的？

2. 说说制定的调查计划，比如：地铁里的标志（图画）、标志的含义、我设计的标志等，明确参观调查的任务。

3. 调查时需要带什么？应该注意什么事情？

调查后汇总和讨论

1. 回园后请幼儿分享、交流参观调查地铁站各种标志后的收获。

（1）请幼儿根据调查表上的记录向同伴介绍自己的发现。

（2）教师总结梳理幼儿的发现，提升有关地铁站标志的经验。

商业街
幼儿园课程资源
开发与利用丛书

2. 为自己幼儿园设计安全标志。

活动附件

地铁里的安全标志（图画）	它的含义	我为班级设计的安全标志（图画）	它的含义

（梅 娟）

活动叙事

⭐ 小小修车匠（中班）

缘 起

今天孩子们像往常一样来到骑行区的停车场，各自挑选自己喜爱的车子上路骑行。正当他们玩得兴致勃勃时，传来了一声叫声，望过去时，晨晨已经倒在地上了，原来他骑的自行车轮子掉了。我们赶紧停下来检查，发现还有好几辆车子都出现了螺丝松动的情况。

这批出现问题的车子车龄都较长，尽管幼儿园会定期修整，但还是会经常出现一些小故障。旧车子还能用吗？有的孩子说："车子坏了会让骑的人摔倒，不能用！"也有的孩子说："可以修一修再用。"争论期间，大家在幼儿园的储藏室里发现还有许多被淘汰下来的旧车子，有些踏脚板掉了，有些轮胎内部塑料碎了。

"我们来修车吧！"就这样，孩子们化身为幼儿园的小小修车匠。

一、修车厂里有些啥?

在调查中,我们总结了车子损坏的几种情况:① 轮胎掉落;② 轮胎内部塑料碎掉;③ 座椅晃动;④ 踏脚板掉落。我问孩子们该怎么办?晨晨说:"打电话叫我爸爸来修,他什么都会修!"阳阳说:"坏了骑不了,只能将车子停在停车场了。"熙熙说:"幼儿园对面有个修车场,可以拿到那里去修。"灿灿说:"我们可以在幼儿园建个修车厂,这样就可以把坏的车子修好啦!"

这个提议让大家一下子兴奋起来。于是,教师和孩子们商量后决定在幼儿园建一个修车厂。

怎么建修车厂呢?修车厂是什么样子的?需要准备些什么工具?……大家决定先到幼儿园对面的修车厂参观一番。

[教师思考] 车子的世界是如此的丰富多彩,我园对面就有几家洗修一体的汽修行,所以幼儿对修车并不陌生。当教师捕捉到幼儿对坏的车子感兴趣之后,并没有忽略他们的兴趣点,更没有直接帮助他们解决问题,而是适当地引发他们的讨论,给他们创设轻松自由的情境,让他们积极思考,大胆表述自己对修车的独特见解。《指南》中也指出:尽可能多地为幼儿的亲身实践创设机会,变单向的知识传授为幼儿亲自操作的探索学习。接下来,幼儿就准备在幼儿园自己建一个"修车厂",让修车工具成为幼儿学习和探索的材料。

(一) 参观"车享家"汽修行

第二天,天气晴朗,我们班全体小朋友排着整齐的队伍来到了对面的"车享家"汽修行。汽修工叔叔热情接待了我们。

店里的工具可真多。孩子们仔细观察着维修间里的工具,这儿看看,那儿瞧瞧,看到自己认识的工具孩子们会说,我知道这是螺丝,这是钉子……阳阳看到轮胎后兴奋地说:"哇,这里有很多轮胎,如果轮胎坏了可以直接来换。"……当然,这里还有很多孩子们不认识的工具,碰到那些不认识的工具大家都想请汽修工叔叔来帮忙解答,汽修工叔叔一下子被小朋友包围了起来:

商业街

一一：叔叔，这个瓶子里装的是什么？
睿睿：叔叔，柜子里的工具都叫什么名字呀？
丁丁：叔叔，为什么螺丝有的大、有的小？
思思：叔叔，哪个工具是老虎钳？
苏苏：叔叔，那个钉在墙上的是什么东西啊？
晨晨：叔叔，那边那个是电风扇吗？
轩轩：叔叔，这个是加油的吗？
琳琳：叔叔，那个圆圆的是什么东西？

孩子们的问题一个接一个，叔叔耐心地解答着孩子们心中的疑惑。这时，另一个维修车间的汽修工叔叔正在修车，孩子们一下子被吸引过去了。看着车子被慢慢吊起来，馨馨发出感叹："哇好高呀！"琳琳好奇地问叔叔："叔叔，这个把车子吊起来的是什么呀？"叔叔说："这是举升机，它把汽车举起来我们才能查看汽车底部。"孩子们认真地观看着叔叔修车的情景，时不时歪着头想看清车子底下有些什么，叔叔又是怎么修车的……

参观回来后，小朋友们热情分享着今天的收获。灿灿说："我认识了举升机，它把汽车举起来。"阳阳说："我知道了看轮胎有没有气的叫胎压计。"一一说："地上放着的很多小瓶子是机油。"果果说："叔叔说挂在墙上的是雨刮器，要是雨刮器坏了可以换一个。"霖霖说："叔叔修车的时候用到了扳手，扳手可以拧螺丝的。"晨晨说："柜子里有很多工具，有锤子、钉子、螺丝还有老虎钳。"

看着大家讨论得这么热烈，我提议大家回去请爸爸妈妈在网上再找找还有没有其他修车工具，看看修车工具的作用是什么，明天大家一起完成修车工具调查表。

[教师思考]虽然幼儿每天放学路上都会路过"车享家",但真正走进去参观过的估计寥寥无几,幼儿对里面的东西既熟悉又陌生。这样一次参观活动让幼儿近距离认识修车店里的维修工具,零距离和汽修工叔叔交流,突破了教室和幼儿园的束缚,为幼儿提供了更广阔的活动空间,加深了幼儿对修车工具的认识,激发了幼儿修车的愿望及探索的兴趣。这样的活动促使幼儿成长,让幼儿

的学习看得见，促进儿童经验的生发，推动特殊资源的有效利用，为接下来在幼儿园建自己的修车厂起到重要的推进作用。

（二）一起来记录

经过实地参观、网上查阅，孩子们了解了许多维修工具和它们的具体作用，他们迫不及待地想把自己知道的工具记录下来，于是，每个孩子都完成了一张维修工具调查表。完成后，大家开始介绍自己的记录结果。

涵涵：我画的是千斤顶，千斤顶可以轻松地抬起汽车。

琳琳：我画的是螺丝刀，可以拧螺丝。

轩轩：我画的是锯子和锤子，锯子可以锯东西，锤子可以钉钉子。

欣欣：我画的是老虎钳，可以夹东西。

睿睿：我画的是汽车举升机，修车的时候可以把汽车抬起来。这个画的是三叉扳手，拆轮胎用的。

一一：我画的是螺丝枪，妈妈给我在网上查的，先把螺丝套到螺丝枪上，然后把螺丝放到车胎上，再按下开关，很快就拧好螺丝了。

乐乐：我画的是胎压计，就是上次在"车享家"看轮胎有没有气的工具。

萱萱：我画的是锤子，用的时候两只手一起锤东西的。

教师：你们现在知道了很多修车工具，老师这里还有一块有趣的工具版面，谁已经发现还有哪些工具你们的调查表上没有出现过？

这下孩子们积极举着手，灿灿指着卷尺，馨馨指着切割机，睿睿指着电钻，但对于这几个工具的作用孩子们说不太清，于是我简单向孩子们解释各种工具的作用，比如：切割机的作用是将有些出了事故的车进行切割然后再重新焊接起来；卷尺的作用是测量汽车零件的大小；电钻的主要作用是钻孔。

[教师思考] 在认识工具及工具的作用方面，除了通过实地参观修车厂、汽修工叔叔的讲解来帮助幼儿提供经验资源外，网络资源与家长资源也为他们的学习提供了支持，一些网络上的图片能让幼儿更清晰地了解工具的相关知识，满足他们的求知欲。作为活动的支持者，教师需要帮助幼儿梳理他们的发现，通过图画的方式记录调查表，丰富幼儿在维修工具方面的经验。这些丰富的经验为幼儿接下来学习修车小知识做了一定的准备。

（三）修车有奥秘

工具的名字和作用孩子们已经了解了很多，那叔叔到底是怎么用这些工具维修车子的？孩子们通过观看修车视频和科普动画《螺丝钉》来学习修车小知识。详细的讲解和丰富的剧情让孩子们知道生活中不同工具的工作原理，孩子们不但满足了好奇心，还了解了一些基本的修车方法，如轮胎坏了要换轮胎。孩子们观看视频后知道，先要从后备箱里拿出备用轮胎，接着用六角扳手将螺丝拧松，把千斤顶正确放置在车子下面，再用铁钩子和六角扳手组成杠杆，手摇扳手将车子抬起来，最后把螺丝拧开，将原来的轮胎拆下来，就可以换上备用轮胎了。观看完修车视频后芮芮好奇地问："老师，那我们什么时候可以开修车厂呢？"楠楠说："快点开吧，我想把坏的这几辆车子修好。"这时，边上的皓皓说："要有工具才能开修车厂。"

二、修车厂开张啦

接下来的几天,孩子们努力为修车厂的开业准备着。他们带来了各种工具,还学着"车享家"的样子进行了分类。各种型号的螺丝放一起,大小锤子放一起,扳手一类放一起,等等。孩子们在活动室的一角确定了修车厂的位置,这样修车厂正式开张啦!大家兴奋极了,陆陆续续有人来到修车厂中玩玩、摆弄各种工具。那么这些工具怎么使用呢?

（一）修车工具玩一玩

认识完工具和懂得了一些简单的操作后，孩子们开始探索工具。考虑到安全因素，我们在投放材料时是循序渐进的：先是实木汽修工具，然后才是真实的汽修工具。

投放了两种实木汽修工具后，孩子们对它们开始了探究。大部分孩子都观察到了螺丝钉表面不光滑才能起到固定作用。这些表面不光滑的条纹叫螺纹，有了螺纹才能固定，而且螺丝钉的长短不一，需要的螺丝也要和它相配套才能固定。

（二）修车方法练一练

玩了一个星期的实木修车工具后，孩子们想尝试练习真实的修车工具，于是我们投入了一些泡沫板，让他们尝试进行练习。

孩子们想把钉子用锤子钉到泡沫板里。灿灿先挑了个最粗的，用力敲了几下，发现敲不进去，于是换了个尖头的钉子，尖头的钉子先竖在那，敲了一会之后发现钉子歪了。看到钉子歪了，边上的霖霖马上说要用手扶着,这样钉子才不会歪。于是霖霖用一只手扶着螺丝钉另一个手小心地敲,果然一次就把钉子敲进去了。霖霖边上的轩轩先把螺丝钉敲进去一点,敲完之后剩下的一半采取用手拧的方法,也成功了。不管用哪种方法,首先得选尖的螺丝钉,这是为什么呢?激动的昊昊说:"因为尖的螺丝钉最厉害,可以打败平的螺丝钉,尖尖的还能钉到木板里、垫子里,连墙里都可以呢!"

　　孩子们在泡沫板上钉了好多螺丝钉,那么怎么样才能把这些螺丝钉取出来呢?昂昂说:"翻过来再敲出来就可以了。"但他翻过来却发现看不见螺丝钉,因为板比螺丝钉厚,这个办法行不通。宸宸说用手抠出来,还当场演示了一下。这个办法可以,但有没有更省力的办法呢?有的说用扁的扳手,有的说用扁的螺丝刀,更多的小朋友说要用老虎钳。

　　接下来孩子们便使用老虎钳尝试取钉子。在取的过程中他们不约而同地采取双手一手握一个柄把老虎钳掰开然后直直地向下去取钉子。前几次可能不太熟练,取的时候会瞄不准钉子,多试几次之后孩子们的手法越来越熟练,精准度十分高。我问孩子们能尝试将老虎钳横着取钉子吗?宸宸听了后换了角度,但试了几次后说:"不行,我还是将老虎钳立起来吧。"一一试了几次后高兴地对老师说:"我可以。"我看他取钉子的时候先是小心地将老虎钳的夹口夹准钉子,然后小心向上发力,但也不是每次都成功,而且还需要站起来发力,如果坐着使用老虎钳横向取钉子的话对他还是有点难度的。

[教师思考] 在探究过程中，教师发现：幼儿运用了很多方法，会合作、会相互间比较螺丝的大小与粗细、会钉钉子、会用老虎钳取钉子、会按螺丝规格拧螺丝。在这个探索过程中，幼儿的手部精细动作能力、专注能力以及独立思考的能力都在提高。这样的探索学习也会互相影响，而教师需要做的就是充分支持幼儿的探索，和幼儿一起在彼此学习的情境中不断转化与升级，使一次次探索得到的研究成果都赋予他们专属的学习印记与学习智慧。

（三）我们一起修车

经过对实木修车工具和真实修车工具的探索，相信孩子们已掌握一些简单的工具操作方法，可以成为一名修车匠啦，下面最重要的就是把骑行区坏的几辆车子修好。

1. 车座螺丝松了怎么办？

孩子们歪下头仔细检查。霖霖说缺个圆的，涵涵马上说，那个圆的叫螺帽，霖霖马上去取了个螺帽来，放在凳子上，涵涵又马上说，不是放在这的，要装在底部。怎么装在底部呢？一一说要把车子翻过来，于是孩子们合作将车子抬起来。一一准备去拧螺丝，套上去发现螺帽有点大。听到螺帽有点大，边上的晨晨、涵涵马上去找了好几个大小不同的螺帽，试过后终于找到了合适的螺帽。由于学过拧螺丝的本领，所以一一轻松地将螺丝拧紧了，拧紧了便将车子翻过来。涵涵去摇了一下发现椅子还是会晃动，涵涵说还要再拧紧点。但一一说他已经拧紧了。我说可能他力气小，建议他借助工具。于是一一先拿来了扳手，发现没用，又换了老虎钳，

用力转螺丝后终于又紧了一点,再将车子翻过来。这下车座松的问题总算解决了。

2. 踏脚板坏了怎么办?

车座问题解决了,孩子们开始讨论踏脚板的问题了。涵涵说可以用双面胶粘,于是涵涵和霖霖一起撕双面胶,将双面胶贴在杆子上,贴完后准备将踏脚板插进去,可发现插不进去。涵涵说双面胶太高了,这边杆子太长了,那边只有一点点。霖霖说,杆子变大了,变粗了,所以插不进去。孩子们很快放弃了双面胶的方案。

霖霖建议换线试试,涵涵问怎么操作,霖霖说先装上再绑。可是刚绑上绕一圈就掉了。霖霖发现线太长了,剪完之后绑的时候线还是会掉,涵涵不知道线一直掉的问题要如何解决。霖霖尝试把它绑得紧紧的,于是涵涵剪短了线,就像给它围围巾。不过由于线太松,这个办法还是没有成功。

这时昕昕说可以用透明胶,操作的方法也是先将踏脚板插上去,然后昕昕在踏脚板的边上粘上透明胶。刚开始粘上去时踏脚板是没动,昕昕开心地以为成功了,但踏脚板转几圈后透明胶又松了。昕昕说,哎,又失败了。

孩子们经过几次失败不知道用什么方法了。就在这时,灿灿激动地说:"我知道,可以用热熔胶。""什么是热熔胶啊?"昕昕问。灿灿说:"热熔胶最厉害了,可以粘所有的东西,有两个头,我妈妈用过的。"此时我拿出了胶枪,灿灿看到马上兴奋地说:"就是这个!"在热熔枪的帮助下,踏脚板稳稳地固定在了车杆上。踏脚板的问题终于解决了。

3. 自行车轮胎坏了怎么办？

车子遇到的 4 个问题已经解决了 2 个，还剩最后 2 个：一个是前轮塑料碎掉，另一个是后轮掉落。孩子们讨论起解决方法，得出的结论都是换轮胎，把蓝色的好的轮子换给红色的车子就可以解决这个问题。

于是孩子们开始探讨怎么拆轮子。涵涵掰开黑色的橡皮管时发现了螺丝，她开心地说："可以拆这里。"孩子们找来螺丝刀拧，但拧来拧去却一动不动。我试了一下，发现问题在于螺丝太紧了，我便将螺丝稍微拧松一点后再让大家尝试。霖霖拧了一会儿后螺丝就被成功卸掉了。两辆车子的螺丝都拧下来之后，前轮就被顺利拆卸好了。有了成功的经验后，两个轮子很快拆完。拆掉后他们舍弃了红色前轮，将蓝色前轮重新安装到红色小车上。很快，在大家的合作下，原先坏掉的两辆车子合并成了一辆"新车"。

商业街

[教师思考] 幼儿的探索已经升级，由探索工具上升为真实的修车实践。这次成功的体验让幼儿的兴趣更加浓厚，也更有成就感。在探索过程中，教师始终支持幼儿、鼓励幼儿，为幼儿提供各种修车工具及适时的帮助，让他们用自己的实践去验证不同的想法，进一步探索修车的秘密。

尾　声

经过孩子们的探索、研究，遇到的四个问题被一一解决。孩子们把车子运送到骑行区，又可以骑着车子在操场上飞驰了。剩下那辆废旧的蓝色小车被孩子们送到了"叮当畅想"木工坊，希望在木工坊还能发挥它的探索价值。

在"小小修车匠"活动中，孩子们与车子相遇。骑行区小车的故障问题引发孩子们对修车的探究行为，促进幼儿的深度学习。从参观"车享家"汽修行初步了解修车工具，到班级创建修车厂深入了解工具，孩子们学习各种工具的名称及使用方法，在学习中学会观察、学会比较、学会发现问题并能够尝试解决问题。在有一定的知识和技能储备后，孩子们尝试解决车子遇到的四个问题。在实践修车的过程中孩子们始终保持着积极热情的状态，有分工、有合作、有相互间的默契配合，他们的观察能力、动手能力与合作能力都得到大大的提高，最后四个问题在孩子们的探索研究中被一一解决，让孩子们真正体验到了修车的快乐。车子与我们的生活息息相关，关于维修工具的知识还有很多很多，在今后的课程中我们会继续跟小朋友们一起进行更深的探索。

（钱花伟）

⭐ 水果配送中心（大班）

缘　起

参观完"cici 麻麻"水果店后，孩子们关于水果的话题层出不穷。菲菲："老师老师，'cici 麻麻'水果店的水果都是从哪里来的啊？""应该是嘉兴水果批发市场运过来的。""那我们下午吃的水果小点心从哪里来啊？""是食堂阿姨给我们送过来的呀。""老师，我们也想像'cici 麻麻'水果店一样自己配送水果，可以吗？""好呀，那我们就开一个水果配送中心！"

开设水果配送中心,是孩子们在参观完水果店产生了兴趣后自行提出的想法。水果配送中心的开启,对孩子各方面能力的发展都有很大的提升。那就一起来了解一下孩子们的水果配送中心的诞生吧!

一、"水果配送中心"开在哪儿呢?

(一)选场地

"我们的水果配送中心应该开在哪里呢?"

"我们就开在食堂吧,到那去直接给食堂的阿姨们帮忙吧!"

师:"食堂有很多工具,而且地面经常是湿的,容易滑倒,不适合小朋友们去哦!"

"那我们在一楼找一个方便一点的地方吧。"

"对,一楼好,方便每个班级的小朋友来领水果,但是开在一楼的哪里好啊?"

"老师,还有一个问题,我们怎么知道要分给每个班多少水果啊?"

师:"这个是保健室的王老师负责的哦,每天王老师都会从每个班的老师那里拿单子,了解来了多少个小朋友,然后她会计算出水果的数量。食堂阿姨会根据王老师给的信息来分发水果。"

"哇，王老师好厉害，那我们在离王老师近一点的地方开水果配送中心吧！"

"这个主意好，王老师的保健室旁边就有一个大走廊的，我们就把水果配送中心开在那儿吧！"

经过一番讨论，小朋友们觉得保健室旁边的走廊很适合开水果配送中心，我们派出小代表向园长递交申请，希望能得到允许，园长一口就答应了，这样我们的水果配送中心有了店面。园长还表示可以为我们准备放水果的柜子和运水果的小推车。真是太棒了！

（二）选时间段

"老师，我们什么时候去分水果啊？"

"我早上早点来，一来就可以去帮忙了。"

"我也是，我也早点来。"

商业街

孩子们兴致高昂、干劲十足,纷纷计划着要早点来园帮忙。但是当我们咨询王老师以后发现,每个班级的老师要在9:00才能把当天小朋友的人数统计单交给王老师,王老师统计数据也需要一些时间。最后王老师经过估算,表示9:15左右可以把每个班需要配送水果的数量告诉我们。

"那我们就9:15的时候去分水果吧。"

师:"这个时候可是你们户外活动的时间哦,你们愿意吗?"

"我愿意的,我想帮忙分水果。"

"我想分水果,也想去玩游戏,怎么办啊?"

"我们可以轮流去分水果啊,今天我去,明天你去。"

"对啊,我们轮流去吧,这样既可以帮忙分水果,也能玩到游戏了。"

最终我们决定采用分组轮流的方式,每天6个小朋友一组在9:15的时候去帮忙分水果,其他小朋友照常开始户外活动。等到户外活动结束的时候,肯定能把当天的水果分发完成,其他班级的小朋友正好来配送中心把水果带回班级。

（三）选路线

小朋友们开始等待水果柜和小推车的到位，然后开启了水果配送中心的运行。

师："我们的水果配送中心还有准备工作没有完成呢，你们想想，还有什么没考虑好啊？"

"还有没考虑好的？不是等水果柜和小推车来了以后，我们就可以开始分水果了吗！"

师："我们配送中心的水果从哪里来啊？"

"上次王老师说了，我们要去食堂门口领的。"

师："那我们怎么去领啊？"

"我们推小推车从彩虹跑道那儿去食堂领啊。"

"不行，彩虹跑道上有小朋友在户外活动了，不好走。"康康终于提到了运输路线的问题。

"彩虹跑道是草地，在它上面小车推不快的。"斌斌也提出了问题。

"那我们从哪里走啊？"

到底从哪儿走运水果比较好呢?我们带小朋友到水果配送中心与食堂之间的区域去实地勘测了一番。小朋友们有的从大厅绕到了户外,有的从北走廊经过门厅绕到了南走廊,还有的从北走廊最里面经过阅读林来到了通往食堂的水泥路。为了更清晰地介绍自己找到的路,我们请幼儿把自己找到的路线在简易地图上画了下来。最后我们发现,从南走廊去食堂比较方便,不会受到户外活动的小朋友的干扰,并且方便小推车推行。

(四)制定制度

一切准备就绪,可是该怎么有效率地进行工作呢?

"我觉得应该像'cici麻麻'水果店一样,需要一个总指挥来安排分配其他工作人员干活。"康康提出了他的观点。

"是的呀,'cici麻麻'水果店有店长的,我觉得我们的配送中心也需要。"

"店长可以负责去王老师那里拿提货单,然后安排工作人员分发每个班的水果。"

于是我们一起制作了店长、工作人员的卡牌,方便孩子们分发水果。

幼儿的经验和支持:得知能够自己来分发全园的水果后,幼儿们欣喜不已,同时责任感也油然而生。配送中心要开在哪里?如何分发水果?在什么时间分发水果?这些都成为闲暇时间中常常讨论的话题。在讨论的过程中,幼儿从一开始以自己为中心、简单地给出答案,到能够综合考虑方便他人、等待流程、付出自己游戏的时间等因素,成长了很多。当然也仍旧存在很多不周到的地方,比如忘记要提前制定路线,但从对事情的解决方式来说,进步飞快。

教师的支持与思考:要开启水果配送中心,牵动着幼儿的心,也令老师担忧。孩子们要如何开展活动?能不能顺利把水果从食堂运回配送中心?在什么时间去分发水果?能不能顺利给各班配齐数量正确的水果……这些问题涉及前期准备的讨论总结、时间协调、路线制定、人员安排,等等。对于幼儿思考不够全面的地方,教师也要及时提醒、引导,让幼儿发现缺漏,及时补全。面对这些共同困扰的问题,我们引导幼儿调动已有的生活经验,交流总结、实地考察,来把问题一一解决。

二、"水果配送中心"开业啦!

(一)今天竟然吃桂圆

在孩子们的共同努力下,水果配送中心今天正式运行了。还没到九点十分,负责的工作人员就迫不及待地提醒我去分水果。没想到第一天就遇到了难题,今天竟然是吃桂圆!孩子们看着满满一大车的桂圆惊呆了。

菲菲一把抓起桂圆就往推车里放,可是桂圆滚落一地。"怎么回事啊?桂圆都滚下来了!"她惊呼起来。凡凡说:"小推车上的孔太大了,桂圆太小了正好漏出来了。""这可怎么办,我们得想个办法把推车上的孔堵住。""套个塑料袋就好啦。"乐乐大声喊道。于是她向食堂阿姨要了塑料袋套在小推车上,果然桂圆不漏了,孩子们很快把桂圆运往了配送中心。

（二）领取提货单

随后店长到王老师那里拿了每个班的水果提货单。"提货单的两个数字是什么意思啊？"斌斌提出了疑问。

我带孩子们一起去向王老师请教这两个数字的区别。

王老师："黑色的数字是那个班级需要的总的水果数量，而下面红色的数字则是那个班级今天来上学的小朋友的数量。"

于是我们顺手拿起了小4班篮筐里的纸，只见上面写着112，下面写着28。我问几个工作人员："你们知道小4班今天来了几个小朋友吗？该给他们班发几颗桂圆？"珩珩反应比较快，马上说："小4班今天来了28个小朋友，要给他们班发112颗桂圆。"泽一和诺诺都张大嘴巴说："这么多啊。"珩珩马上说："我会数到一百。"其他小朋友马上也表示可以。大家就各就各位开始干活了。

（三）桂圆数错了

走廊里顿时响起了一片数数声，大家都沉浸在自己的任务里仔细地数着。不一会儿，天天端着小4班的篮子跑过来跟我说："老师，这个我已经数好了。"旁边忙着数数的小朋友顿时被她吸引了过来。我们一起看了看，珩珩说："怎么这么少，这个纸上写着112个桂圆呢！"于是旁边几个小朋友都说不对。我仔细一看，好像是少了点，于是问天天刚才是怎么数的。

天天说："我是两个两个数的，就是2，4，6，8，10……这样数的。"我又问："那你两个两个数一直数到112了吗？"天天信誓旦旦地说："是啊！"

最后我们一起检验天天篮子里的桂圆数量，发现少了很多。孩子们重新帮助天天一起数桂圆。第一次任务完成，我们高高兴兴到操场去跟班级其他孩子汇合活动了。

（四）你是怎么数桂圆的？

活动结束回到教室，休息完后，我们开始总结刚才分发水果的过程。我问刚才的几个工作人员："今天桂圆这么多，你们是怎么数的呢？"

畅畅说："我就是从1开始一个一个数的，我能数到100，然后再从1开始数。"

小艺说："我是先数50个，再数50个，然后再数20个，我刚才有个篮筐里要放120个桂圆。"

珩珩说："我也是从1开始数的，就一直数到最后一个。"

泽一说："刚才王老师说每个小朋友吃4个桂圆，我就每次数4个桂圆，然后放在篮筐里。"……孩子们的方法好像还挺多的，我觉得都很好，马上表扬了他们。还请他们把这些方法记录下来，跟班级里其他小朋友分享，这样下次别的小组遇到分桂圆或小番茄等就可以借鉴啦！

（五）优秀员工的诞生

菲菲是今天的店长，带领着工作人员一起去运水果。菲菲从王老师那里拿来了提货单："我和佳佳分小班的水果，康康和承承分中班的水果，乐乐和斌斌分大班的水果。"

店长菲菲分配完任务后，工作人员开始忙碌起来。

"哇，佳佳，你苹果摆放得也太整齐了吧。"承承的声音吸引了别的小朋友。

只见佳佳把提货单放在篮子的左上角，每排放三个苹果。

"提货单放在左上角能一眼看到需要的数量，每排放三个，就很方便和清楚。"

孩子们都很认同佳佳分苹果的方法。康康看了一眼自己框子里乱七八糟的苹果，立马学佳佳一样摆放得整整齐齐。承承看到之后也照做了。

店长菲菲说："佳佳今天分水果分得太好了，我觉得应该奖励一下她。我看商场里都有优秀工作人员的牌牌的，老师，我们能给佳佳做一个吗？"

"好啊，以后我们每天都评出一位优秀员工。你们都要争取哦！"优秀员工的产生更调动了孩子们的积极性。

（六）今天分得好快啊

接下来的两天是吃橙子和香蕉。我们分得很快，没用多长时间就能去跟班级汇合参加户外活动了。这两天的工作人员还很骄傲地说："我们分得很快，而且肯定没有分错。"

珩珩说："是啊，上次分桂圆的那次最难，花了我们好长时间，而且容易数错，这两天都好简单。"

涵涵说："那是因为桂圆多，要数一百多个，香蕉和橙子少，好数。"

小艺说："对啊，橙子每个班都只要发几个，一会儿就数完了。"

畅畅说："那下次我们要是再吃桂圆怎么办？"

斌斌说："可以用上次我们总结出来的办法啊，多试几次总能行的。"

沐恩说："数桂圆的那天我们都差点来不及玩户外活动了，这两天我们数得快，就可以玩户外活动。"

幼儿的经验与支持：幼儿数学经验的发展是一个不断建构的过程，需要通过对具体事物和事物之间关系的不断抽象概括来实现。当第一天就遇到数桂圆的大难题时，幼儿并没有放弃，有的两个两个数，有的从一数到结尾，有的十个十个数，这些都是非常好的方法，也是他们已有的生活经验。幼儿在运用数学解决实际生活问题的过程中初步感知了数学的有用和有趣。那么幼儿自主分发水果这个活动最大的意义是什么？仅仅是更深入地认识水果吗？是学习数数吗？幼儿在这个活动中可以获得这些经验，但不局限于此。幼儿更多收获到的是喜欢参与这个活动：当活动中发现问题时会积极讨论、找出原因、寻求解决的办法；能与同伴友好协商、分工、合作，共同为了同一个目标而努力；活动后能与大家分享自己的发现和困惑。所以，教师在这个活动中应该成为一名合格的观察者、支持者和参与者，和幼儿一起不断丰富和发展这个活动。

教师的支持与思考：在整个分发水果的过程中，老师干预得都很少。幼儿自己选择小推车，自己从食堂里运来水果。运来了以后怎么分发到每个班的篮筐里去？桂圆这么多怎么数？工作人员怎么分工？这些问题，教师都没有直接告诉幼儿应该怎么做，都是幼儿在游戏实践中，通过观察、讨论、思考、尝试、总结而逐渐掌握的。我想这正是"活教育"理念的指引。我们一直在思考如何真正做到让儿童在"做中学"，践行"凡是儿童自己能够做的，应当让他自己做。凡是儿童能够想的，应当让他自己想"的"活教育"原则。

三、水果是从哪里来的呢？

（一）水果生长在哪里？

一个阳光明媚的午后，我带着孩子们在园内散步时经过了水果配送中心。

"老师，这边有个大大的地图哎。"菲菲小朋友看见了墙上的新地图。

"我们今天吃的香蕉是在地图的哪里啊？"

"香蕉应该是在我们吴江吧？我想在家的院子里也种一棵香蕉树，这样我就每天都能吃到美味的香蕉了。"

"不对不对，吴江是没有香蕉的，我妈妈说香蕉是生长在海南的。老师，对吗？"

"老师老师，那我们昨天吃的橘子呢？生长在哪里？"

孩子们对水果生长在哪个地方产生了浓厚的兴趣。回到教室，我组织孩子们一起讨论了水果的生长地。

"椰子是生长在海南的，我之前暑假去海南旅游的时候看到路边有好多好多椰子树。"

"葡萄是生长在新疆的，新疆的葡萄干非常有名。"

"苹果应该是山东的吧，山东苹果嘎嘎脆。哈哈哈！"

"那么梨子又生长在哪里呢？"

随后，我们上网搜索了不同水果的生长地，使孩子们对于水果的生长地有了一定的认知。

（二）我们一起来统计

"老师，我们可以把水果画一画然后根据它们不同的生长地贴在地图上吗？"

"是啊，这样幼儿园所有的小朋友都能一眼就知道水果的生长地了，不用像我们这样麻烦去上网查。"

"可以啊！"于是我们说干就干。首先我们制作了一个水果生长地的统计表，孩子们画完水果，剪剪贴贴，在不同地方贴上相应盛产的水果图案。

（三）贴上水果找发现

幼儿来到地图前，对照着统计表把一个个画好的水果图案粘贴到对应的地区。

"太好了，这样其他班的小朋友都能知道水果的生长地啦。"

"咦？为什么海南地方这么小，却贴了这么多水果？都贴不下贴到外面去了。"

"对呀，这是为什么？"

"因为海南的地理位置和气候原因呀。"

幼儿的经验与支持：幼儿有着与生俱来的好奇心。当他们看到一张地图后，便产生了"水果生长在哪里"的疑问，并且十分迫切地想要得到答案。这一过程中，他们基于已有的生活经验，得知椰子生长在海南，新疆盛产葡萄，山东的苹果最甜，等等。可大大的地图上面都有哪些水果呢？这又成了他们探究的重点。大班的幼儿刨根问底，他们通过上网寻找答案，知道了不同地区盛产的不同水果，并提出在地图上标注出来方便其他班幼儿查看。为什么海南有这么多水果呢？一个接一个的问题接踵而至，然而他们乐在其中，不停探索。

教师的支持与思考：当幼儿在讨论"香蕉生长在哪里"这样的疑问时，探究的种子已经萌芽。

他们已经开始关注到水果的生长地了。作为教师首先要做的就是倾听,让他们自由讨论,当遇到困惑时,一起解决问题。幼儿的问题总是会不停冒出来,我们要支持和鼓励幼儿这样的思考和学习方式。

尾声:想想明天吃什么

"老师老师,我们明天吃什么水果啊?"

乐乐说:"我想吃番茄。"

婷婷说:"我想吃哈密瓜。"

曦曦说:"我想吃猕猴桃。"

……

孩子们七嘴八舌地讨论着自己想吃的水果。

教师的支持与思考:孩子们对于越秀水果配送中心的兴趣越发浓厚,作为教师要给足他们舞台,让他们尽情展现自我。

越秀水果配送中心的故事还没结束,接下来还会发生什么有趣的故事呢?让我们下期再见。

(钱晨曦)

后 记

构建适合儿童发展的学前教育课程并努力落实，是实现幼儿园培养目标的重要途径，也是贯彻落实《3—6岁儿童学习与发展指南》的重要途径，更是实现学前教育高质量发展的重要途径。

"什么是幼儿园课程？""幼儿园课程在哪里？""如何追随儿童的兴趣设计课程？""如何将身边的资源开发成为促进幼儿发展、让幼儿获得有益经验的活动？"这些一直是幼儿园老师们面临的问题和挑战。吴江区各幼儿园根据自身实际情况，开启了园本提升、内涵发展、课程建设的实践探索征程。

十年课程实践，得到了广大幼儿园教师、家长、领导、专家等的关心和支持。十年来，吴江区绘制了幼儿园课程改革蓝图，组建了"学前教育发展共同体"，成立了省内外专家指导团队。在专家沉浸式、伴随式、持续性的指导下，各种问题逐渐有了答案，困惑渐次解开，幼儿园找到了从身边资源入手，追随幼儿兴趣，开展多样化活动，助力幼儿积累有益经验，促进幼儿全面发展的课程建构路径，并在国家级、省级、市级的教学成果奖评选中频频获奖。

本套丛书是吴江区各幼儿园课程探索的缩影，共十三册，分别由吴江区鲈乡幼儿园鲈乡园区、鲈乡幼儿园越秀园区、平望幼儿园、盛泽实验幼儿园、芦墟幼儿园、黎里幼儿园、梅堰幼儿园、铜罗幼儿园、青云幼儿园、桃源幼儿园、北厍幼儿园、舜泽幼儿园、横扇幼儿园、八坼幼儿园这十四所幼儿园合作编写。本套丛书从策划到呈现，离不开负责各册编写的幼儿园教师的实践智慧和无私分享，离不开吴江区其他幼儿园教师的支持和帮助，更离不开虞永平、张春霞、张晗、张斌、苗雪红、胡娟、杨梦萍等团队专家长期以来的精心指导和鼓励。在丛书编写过程中，苏州大学出版社的领导、编辑给予了老师们极大的肯定，虞永平教授更是在百忙中抽出时间为本套丛书作序，张春霞老师在编写中全程悉心指导，在此一并表示衷心的感谢！

　　生逢盛世，奋斗正当时。我们处在大有可为的新时代，在党的二十大精神指引下，吴江幼教人必将扬帆再起航，继续深耕幼教这块沃土，为实现学前教育高质量发展而努力前行！

钱月琴

2023 年 5 月